中国道路丛书

厉以宁 高尚全 刘伟 程志强 赵秋运 著

中国道路与中国经济发展70年

创于1897 商务印书馆 The Commercial Press

2019年·北京

目录

走向城乡一体化（代序言）

厉以宁

我从小生活和学习都在城市中，对农村情况是不了解的。我第一次下农村是在1955年4—5月，当时我是北京大学经济系四年级的学生，全班去北京市海淀区肖家河参加农业合作化实习。学生被分配到各个自然村，分散住在农民家中。主要任务是进行农民家访，宣讲党的农业合作化政策，并向农民解释合作化的意义。在农村中看到的是土地改革以后农民生活安定，一心投入生产的情况。

接着到了1958年，北京大学的一部分教职员作为下放干部，下放到门头沟区（当时称京西矿区），经济系、法律系、生物系的教职员的下放地点是西斋堂村。这正是大跃进的年代，我们每天清早就上工地，修引水渠，从1月份干到4月份，天天如此。5月份起，转到农田里干活。到了8月份，全国掀起了人民公社化的高潮，西斋堂村也不例外。村里办起了公共食堂，我被调到公共食堂担任会计。冬天，我又被调到新组成的公社文艺宣传队任编剧，创作了不少小品、快板，宣传人民公社的好处，到各乡巡回演出。1959年1月回到北京大学。今天回想起来，这一年下放农村，虽然对农村的情况有些了解，但所了解的只是浮面的东西。比如说，就在1958年，由于户口制度分为城市户口和农村户口，城乡之间的人口流动受到严格限制，城乡二元结构制度化了。这将对今后中国农村居民和农业发展存在什么样的影响，当时我是完全不了解的。

从1964年10月起到1966年6月初，北京大学师生分两批到农村参加社会主义教育运动，两批我都参加了。第一批是在湖北荆州江陵滩桥公社，第二批是在北京朝阳区高碑店公社。紧接着，发生了“文化大革命”，在这期间，我也在海淀区六郎庄、玉泉山等农村参加劳动。到了1969年，北京大学教职员下放到江西南昌县鲤鱼洲农场劳动。我是第一批下放的，在鄱阳湖边的茅屋内一住就是两年。在这段时间内，我到过附近的农村，也看到时常有逃荒的农民到北大农场来讨饭。鄱阳湖边，冬天很冷，而这些农民却穿着单衣，光着脚穿着草鞋。我想，鄱阳湖畔本是鱼米之乡啊，新中国成立已经20年了，农民为什么还如此穷困呢？这是一个沉思的年代，眼见耳闻，使我不禁想到，是不是我们的经济体制存在问题，否则怎么解释这些现象呢？在大学里书本上所学到的经济学理论为什么解释不了眼前看到的这一切呢？我的经济观点的转变，正是从这时开始的。

从江西回到北京是1971年秋天。此后几年，我大部分时间仍在北京市郊区各县和河北省的农村参加劳动，参加“开门办学”，所看到的仍然是农民缺衣少食的穷苦生活。我对时局感到困惑：经济已衰落，失业激增，农民逃荒，社会矛盾正在激化，预感到不久可能发生社会大动荡。1976年春季,我和北京大学一些师生在北京市大兴县农场“开门办学”,到1976年10月粉碎了“四人帮”,下乡办学的北京大学师生全部返校。接着不久,邓小平同志复出,主持工作,改革的呼声日益高涨。1978年12月中共十一届三中全会召开了,从此中国转入了改革开放新阶段,我也就从这时起,把研究中国经济体制改革作为自己的主要研究课题。

20世纪80年代内,我的大部分时间用于国有企业体制的改革方面。这段时间内,我虽然到过一些省市进行调研,但对于农村问题,我没有进行深入研究,因为我认为国有企业体制改革问题是当时最需要解决的。我还认为,农村家庭联产承包责任制既已推广,乡镇企业也已兴起,这一基本格局短期内不可能有大的变动,所以对农业和农村问题,可以稍后再来考察。

到了20世纪90年代,农村家庭联产承包责任制之下,大量农民工外出,引发了一系列新问题。例如,农村青壮年劳动力外出之后,土地有撂荒现象;农民工进城后,家属也进城了,于是又出现子女无法在城市就学问题,而且每逢春节,火车为什么这样拥挤,这同农民工回乡探亲有很大关系。由此激起了我对城乡二元体制和城乡一体化的思考。再说,“农民工”这个称呼是不合理的:工人就是工人,农民就是农民,从未听说过什么“农民工”。从清朝末年到民国时期,中国第一批近代工厂先后在上海、天津、广州等地出现,最早的产业工人来自何处?不正是来自大城市周边的农村么?他们在乡下是农民,以种地为生,一进城做工,就成为工人了,他们工作安定下来,可以把妻子儿女接进城去。为什么现在有了“农民工”这一称呼呢?这是城乡二元体制的产物:“身份”是农民,职业是工人,“农民工”享受不了城市居民的待遇。上述这些问题在20世纪90年代都明显地暴露出来了。

2003年,我担任了中央智力支边协调小组毕节试验区专家顾问组组长,以后几年,我每年都要带一些专家到毕节进行考察,帮助当地脱贫。在扶贫过程中,我发现最重要的问题依然是体制改革、机制转换,即把以前的“输血机制”改变为“造血机制”。如果不从体制、机制上着力,不把城乡二元体制改革作为今后改革的重点,农民始终难以摆脱困境;如果不推进城乡一体化,农民就无法与城市居民一样享受改革和发展的成果。基于这种认识,我个人的研究重心就转移到农村问题上来。

回顾从 1949 年到现在,有关城乡体制的变革过程,可以划分为三个阶段:

第一阶段:从 1949 年到 1978 年。这是城乡二元体制逐渐形成和日益巩固的阶段。城乡二元结构的制度化,从 1950 年土地改革以后就已开始,这是同建立社会主义计划体制相配合的。到 1958 年,随着人民公社制度的确立和户籍制度的城乡分割,城乡二元体制终于形成。城乡之间生产要素的流动受到极大限制,城市化进展得十分缓慢。在权利方面,农民实际上处于“二等公民”的位置。

第二阶段:从 1979 年到 2002 年。这是城乡二元体制虽然略有松动但基本上依然存在的阶段。改革开放之初,农村推行了家庭联产承包责任制,调动了农民承包经营的积极性。但这只不过是城乡二元体制略有松动而已。城乡二元体制的极端形式——人民公社制度——虽然退出了历史舞台,但农民依然受到社会流动的限制。农民仍然难以享受改革和发展的成果。

第三阶段:2003 年以后。这是着手改革城乡二元体制并逐步推进城乡一体化的阶段。在科学发展观的指引下,农村的土地流转启动了,农业的规模经营有了很大的发展,城市化的速度也加快了。在统筹城乡发展和改革这个新课题上,理论上有创新,实践上有突破。城乡一体化已成为新一轮改革的重点[1]。

---

[1] 柳晓森、张烁:《城乡二元体制:中国下一轮改革重点》,《人民日报》2008 年 9 月 3 日。

2008年,正值纪念中国改革开放三十周年之际,我写了《论城乡二元体制改革》一文(《北京大学学报》(哲学社会科学版),2008年3月),对实现城乡一体化问题进行探讨。在这篇论文里,有这样几段话扼要地反映了我的基本观点:

> “城乡二元结构自古就有。从宋朝算起,至今已有一千年以上的历史。但当时尽管有城乡二元结构,却没有城乡二元体制。城乡二元体制是20世纪50年代后期才建立的。”(第5页)
>
> “从20世纪50年代后期起,由于计划经济体制的确立,户籍分为城市户籍和农村户籍,城乡二元体制形成了,城乡也就被割裂开来了。从这时开始,城市和农村都成为封闭性的单位,生产要素的流动受到十分严格的限制。”(第5页)
>
> “计划经济体制实际上有两个重要支柱:一是政企不分、产权不明的国有企业体制,二是城乡分割、限制城乡生产要素流动的城乡二元体制。这两个支柱支撑着整个计划经济体制的存在和运转。”(第5页)
>
> “从社会协调的角度来看,必须做到统筹发展,包括城乡发展的统筹、区域发展、经济和社会的统筹、国内发展和对外开放的统筹、人与自然和谐发展的统筹。所有这些都同城乡二元体制的改革有关。”(第6页)
>
> “由于城乡二元体制的改革将导致农民收入的增加和农民生活方式的变化,以及由于社会最低生活保障的基本建立而导致社会低收入家庭后顾之忧的逐渐消除,必定引起内需的大突破。全世界最大的待开发的市场在哪里?就在中国的农村。”(第11页)

这篇论文发表之后,在2008年春和2009年春的一年时间内,我又先后在广东、湖南、贵州、重庆、河北、吉林、内蒙古、天津八个省

(市、区)继续围绕这个问题进行更广泛的调研。下面就是在调研八个省(市、区)的基础上写成的。

一、进一步解放思想,朝着城乡一体化的目标前进

改革开放三十年成就举世瞩目,逐步破除了传统计划经济体制,改革了传统的国有企业体制,初步建立了社会主义市场经济体制,经济社会发展迅速,综合国力大大提高,广大农村也发生了深刻变化。这是一个巨大的飞跃。但在从计划经济体制转向社会主义市场经济体制的过程中,还有一个大的问题尚未解决,就是对于几十年来形成的城乡二元体制的改革相对滞后,甚至可以说这三十年来,基本上没有触动城乡二元体制,因为农村家庭联产承包责任制是在维持城乡二元体制的前提下推行的。结果,导致城乡发展不协调,城乡差距呈扩大趋势。城乡二元体制改革的滞后,增加了全面建设小康社会、实现共同富裕、构建和谐社会的难度,为此必须加大城乡统筹的力度[1]。统筹城乡发展最重要的任务就是改革城乡二元体制,这是中国下一轮改革发展的重点,也是一场伟大的社会变革,为此需要付出巨大的努力和艰辛。

曾经流行于学术界部分人士中间的一种看法是:改革开放三十年了,农业方面已经取得了不少成绩,使我国早已脱离了凭票证供应生活必需品的年代;目前,农村的改革不妨暂且搁置一下,发展更加重要。比如说,对农民,财政上多给一些,少取一些;金融上,放宽一些,多贷一些;让农村的生产生活条件再改善一些,这样反而更加有利于农民生活水平的提高。这种看法如果出现在80年代后期,那是可以理解的,而且就当时的情况而言,这种看法有一定道理,因为农村土地承包刚推广,不能急于再改革。但从20世纪80年代后

---

[1] 孙津:《城乡统筹是一种综合性要素统筹的创新》,《中国发展》2008年12月,第59—61页。

期到现在已经20年了。再不着手破除城乡二元体制,不仅阻碍农业的发展和农民收入的提高,而且还会使城乡收入差距继续扩大,使工农收入差距继续扩大,使广大"农民工"不得不徘徊在城乡之间,这就违背了"以人为本"的原则[1],不符合构建和谐社会的理念。让农民充分享受改革开放的成果,不是靠增加政府投入或放宽信贷就能解决的。只有不失时机地进行城乡二元体制改革,让农民和城市居民享有同等的权利,拥有同等的机会,才是下一阶段改革的重点。

中国的改革开放从来都是以思想解放领路。回顾三十年前,1978年5月起,不止是历时半年之久的"实践是检验真理的唯一标准"的大讨论为中共十一届三中全会的召开做了思想上的准备么?也就是说,中国特色社会主义道路和市场经济体制的成功探索,首先是从一场思想解放运动开始的。当前,打破城乡分割分治的二元体制,形成城乡发展一体化新格局,也必须进一步解放思想、实事求是。学术界必须开展前瞻性理论研究和理论创新,在理论上率先突破,摆脱一切束缚城乡二元体制问题解决的思想桎梏,在全社会营造改革城乡二元体制的氛围;必须在政策、法律、制度、文化等诸多方面进行有利于推进城乡一体化的变革,尽快扭转城乡差距扩大趋势;必须勇于探索实践,统筹城乡试验区要大胆改革试验,开辟一条新路。

具体地说,在城乡二元体制改革过程中,有必要就以下三个问题消除误解:

第一,城乡二元体制改革将大大促进社会的稳定,而不会导致社会的不稳定。

关于这一点,一种误解是:农民已经习惯于一家一户的承包经

[1] 中国社科院"农民工返乡机制研究"课题组:《徘徊在城乡之间的中国农民工》,《光明日报》2009年4月9日。

营了,他们之中不少人不愿意离开本乡本土。即使离开本地到城市中打工,但叶落要归根,在外面挣些钱是要带回家来盖新房、娶妻生子的。他们习惯了农村的生活,何必改革城乡二元体制,反而使他们心里不踏实呢?何况农民一旦大批进入城内,生活方式一变更,城市生活设施建设又跟不上,反而会引起他们不满,有些人又想回到乡下去,社会不就不稳了吗?有这种看法,多半是不了解实际情况。要知道,在城乡二元体制改革过程中,农民是不是迁进城市,要根据本人意愿而定;外出打工的农民是不是愿意回乡,也由本人决定。体制的改革只是提供了更多的机会供农民选择,而不是排除农民的选择。从社会稳定还是不稳定的角度来看,关键在于农民(不管是进城的还是留在农村的)的利益是不是增加了。如果农民的近期利益和长期利益都能通过城乡二元体制改革而增加,那么社会将迈向稳定而不会导致动荡。

第二,城乡二元体制改革将推动城市经济的改革和发展,而不会因加重城市的负担而阻碍城市经济的发展,也不会阻碍城市经济改革的深化。

在这方面,一种误解是:城市经济的改革和发展毕竟是最重要的,而在现阶段着手城乡二元体制改革,很可能会加重城市的负担,这样,不仅城市经济的改革和发展受阻,而且农村经济的改革和发展也会相应地受连累。不如目前暂时把城乡二元体制的改革搁置一下,一心加快城市经济的改革和发展,等到城市的经济实力增强了,城市就有较多的力量来帮助农村的发展。西方发达国家一般是在工业化后期政府才把农村发展放在重要位置上的,中国目前仍处于工业化中期,何必这样急于去做本来可以推迟一些才做的事情呢?其实,这种看法并不正确。问题在于:在西方发达国家工业化初期,城乡二元结构是存在的,但在那里并没有形成城乡二元体制,因此也就不需要进行城乡二元体制改革。它们之所以在工业化后期着力于发展农村经济,是适应稳定社会的需要。中国的情况与它们不同。在城乡二元体制下,中国的工业化在长时期内是以牺牲农民利益为代价的。如今已到了城市回馈农村的时候了。提高农民收入,让农民充分享受改革发展的成果将大大促进内需的增长,这对于城市经济的进一步发展是绝对有利的。因此,城乡二元体制的改革只会推动城市经济的改革与发展,而不会变成城市经济改革与发展的阻力。

第三,城乡二元体制改革不是要消灭农村和农民,也不是要把农村变成城镇,把农民改变为职工,而主要是使农村和城市的差别大大缩小,使农民充分享有改革开放的成果,在社会方面享受同样的待遇。

关于这个问题,一种误解是:城市就是城市,农村就是农村;工人就是工人,农民就是农民,进行城乡二元体制改革以后,农村就会逐渐不存在了,农民也就逐渐消失了,这样,岂不是用消灭农村和农民的方法来强制性缩小城乡差别吗?这对中国经济是祸还是福,还不得而知!需要指出的是:城市和农村的差别不会因城乡二元体制的破除而消失,工人与农民在职业或社会劳动分工方面的区别也不会因城乡二元体制的改革而消失,这些差别的消失也许要经过许多年的生产力发展才会出现。改革城乡二元体制所需要消除的,是对城乡之间生产要素流动的人为障碍,以及两种户籍之下工人和农民的不平等待遇,从而就能导致城乡之间的差距缩小。这一切是可以做到的,而且对国民经济发展只会产生积极的结果。

二、农村产权制度改革势在必行,尤其是宅基地管理制度更需要改革

当前,要发展农村经济,增加农民收入,面临的问题之一是农村金融服务严重滞后,而农村金融发展之所以迟缓,则又归因于城乡二元体制的存在,归因于现行农村产权制度的制约。

农民目前同产权无缘。对承包的土地,没有产权;对宅基地,没有产权;甚至对宅基地上的住房,尽管住房是自己花钱盖的,但由于对宅基地没有产权,所以农民对宅基地上的住房也没有产权,连房产证都没有,这确实是不合理的。由于宅基地及其上面建造的住房没有产权,只有使用权,所以他们既无法出售,也不能抵押,从而制约了农民土地权益的实现。这不仅不利于农民致富和农村经济发展,而且不利于农村劳动力转移,严重阻碍城镇化进程。

现阶段我国法律对农民的土地(包括承包的土地和宅基地)的权利保护实际上是不明晰、不到位的,这个问题急需解决[1]。对于城市化,世界上已经有正反两方面的经验和教训。西欧一些国家在工业化、城市化过程中,城市内没有出现"贫民窟"现象,主要原因就在于农村土地和农民住房可以根据农民意愿进行流转和抵押,农民通过土地和农村住房的流转或抵押,可以得到一笔资金,这有助于他们进城务工、创业、定居,并成为城市居民。

宅基地和宅基地上建成的农民住房,理应是农民的重要财产,应当鼓励支持各地探索宅基地和农民住宅流转和抵押的办法,保护和实现农民对宅基地和农民住宅的应有权益。农村宅基地和农民住房的实际使用已经使农民对宅基地和农民住房的使用权变成了事实上的长期权利。针对这一客观事实,在法律上应予以确认,赋予农民对宅基地和农民住房的产权,这对保障农民土地权益、搞活农村经济和金融具有特殊重要意义。而且,如何处理宅基地问题必须充分尊重农民的权利和他们的意愿,不能使农民的利益受到损害[2]。今后法制建设的方向就是赋予农民与城市居民同等的产权落

---

〔1〕 孙荣飞:《"土地管理法"修订:推进农村集体土地财产权制度变革或破题》,《第一财经日报》2008年6月24日。

〔2〕 贾杰华、陈文雅:《宅基地换房的执行隐患》,《投资者报》2009年3月16日。

实和产权保护。为了实现城乡一体化,建议适时修订《物权法》《土地管理法》等法律和相关法规,通过宅基地和农民住房的产权制度的改革可以大大激活农村经济和农村金融。当前应积极探索宅基地及其上面农民建造的住宅抵押的有效途径,总结一些地方将宅基地及其上面建造的住宅抵押给信用社或其他农村金融机构进行融资等做法,大力开展农村宅基地及其上面建造的住宅抵押试点。再就是要积极实现宅基地及其上面建造的住宅的可转让性,至少可以让统筹城乡发展改革试验区的经验逐步推广。

在推行宅基地管理制度改革时,一些人在思想上仍有所顾虑。主要有四种顾虑:

第一,认为宅基地对农民来说,是庭园经济,宅基地周边的土地是精耕细作的菜园、果园,生产率很高,农民的现金收入不少是来自庭园经济的,如果农民把它置换出去了,不仅是较大的损失,而且还断了外出农民的退路,因为万一农民在外面经营得不好,收入不多,连退路都没有了,岂不是会引发新的问题?

其实,这种顾虑是可以打消的。绝大多数农民并不是先置换自己的宅基地再外出工作,而往往是先外出工作,等到在外面有了一定的安排,经济上比较有基础了,再回乡把家属接走,再处理自己的宅基地。对他们而言,是否置换宅基地,是近期利益和长期利益反复比较而做出的选择。农民在这方面的行为是理性的。当然,在这个过程中也不能否认偶然事件的出现,例如家中主要劳动力在外面工作时遇到了重大工伤事故,该怎么办?这就告诉人们,要有保险意识;有了保险,损失会减轻些,也不至于陷入绝境。

第二,认为宅基地的置换可能只适合城市郊区的农民,而不适合偏远地区的农民,更不适合山区的农民。再以宅基地及其上面的房屋来说,可能只有城市郊区的才能抵押出去,偏远地区的,尤其是山区的宅基地怎么抵押?谁愿意接受?加之,那里的农民住房多数是简陋的、破旧的,没有人愿意要。抵押岂不就成了一句空话?

应当承认,这种情况是存在的。但不能因为有这种情况,宅基地的置换工作就应停顿下来。如果停顿下来,等山区农民富裕了,山区农民住房都换成了新楼,再着手宅基地置换工作,那要等到何年何月?其实,当初实行农村家庭承包的时候,也并不是一下子就铺开的,一切由农民自行作出选择,有些地方先推广,有些地方后推广,还有些地方选择了家庭承包以外的其他经营方式。宅基地的置换或抵押,也是这样。条件合适的先推行,条件不合适的,可以推迟,等条件成熟时再推行也不算晚。不要把早推行、晚推行看成是"觉悟"高低的反映,实事求是原则是最重要的。不实事求是,反而会误事。

第三,认为宅基地的置换可能只适合就近进城务工或创业的农民,而不适合远赴千里以外去务工或创业的农民,对这些远赴千里以外的农民来说,宅基地置换给谁?比如说,不少农民长期在珠三角各县市工作,老家在贵州西部农村,宅基地置换给谁?

这种顾虑是有道理的,但可以设法解决,关键在于寻找出解决问题的办法。宅基地置换工作应当有一个程序,按程序去做,问题可以得到解决。如果农民在本县(市)城镇安家,问题比较简单。如果农民在省内的另一个县(市)安家,省内也可以统筹解决。如果农民到跨省的某个县(市)安家,那么应当按如下程序去做,还是可以解决的:首先,准备到外省去安家而需要置换宅基地的农民提出申请,先经本地县(市)政府同意,然后向准备迁往的外省的县(市)政府提出申请,经同意后,于是,该农民将宅基地交给本地县(市)政府处理,得到一笔相应的补偿费,由该县(市)政府有关部门转到所要迁往的外省的县(市)政府的有关部门。这样,对三方都是合理的:对农民来说,达到了转移的目的,并在所迁往的县(市)生活和住房有了着落;对农民原籍所在的县(市)来说,由于得到了农民所交出的宅基地,可以用它们置换为相应的城市建设用地,因此尽管付出一笔补偿费,也是合理的;而对于农民所要迁往的外省的县(市)来说,得到了一笔补偿费,用来安置迁入的农民,在经济上没有损失。可见,只要合理统筹,问题仍是可以解决的。

第四,认为宅基地的抵押存在着两种风险,一是农民为此承受的风险,二是金融机构为此承受的风险。如何防范这两种风险,是在宅基地管理制度改革中不得不面临的问题。假定还没有找到合适的防范这两种风险的可靠的措施,还是以谨慎为宜。应当承认,这两种风险确实是存在的,因此必须有可靠的防范措施,但这并不等于说由于担心出现风险就放弃了宅基地抵押的做法,而是要事先找出可以防范风险以及化解风险的措施。当初,全国人大常委会制定《中华人民共和国担保法》时就考虑到宅基地是农民生活必需的,所以排除了宅基地以及承包土地抵押的做法[1]。但根据实践的经验,关键仍在于有没有妥善的防范风险措施。

如何防范农民因宅基地抵押而出现的风险?一方面,接受农民宅基地抵押的金融机构必须是符合条件并经过审查批准的有资格从事农民宅基地和农民住房抵押业务的金融机构,以免农民上当受骗;另一方面,当农民把宅基地和自己的住房抵押出去后,可以贷得一笔款项,用于生产经营,亏蚀了怎么办?农民岂不是从此失去了宅基地和住房?因此,大力开展农村保险业务是可以减少风险的途径之一。例如,农民用这笔贷款自主创业办了养殖场,开了作坊或外出务工,遇到洪水、火灾、地震、瘟疫等,或者发生了车祸、工伤,如果已经上了保险,就可以得到赔偿,从而减少损失。

从事宅基地抵押业务的金融机构如何防范风险?这里的风险主要是指还贷率低而金融机构又难以处理作为抵押品的宅基地和农民住房,因而陷入资金困境。为了防范和减少这种风险,可以采取以下措施:即使农民以宅基地和住房作为抵押,金融机构仍应对抵押人的信用状况和还债能力进行调查;如果采取农民信用互保方

---

〔1〕《土地承包权宅基地不能抵押》,《人民日报》2008 年 10 月 24 日。

式来发放农民宅基地和住房的抵押贷款,那就更好了。总之,风险总会存在,但可以尽量减少它。

此外,据我们在一些地方的调查,有些农户在农村的住房不止一套。在这种情况下,多余一套的住房为什么不能抵押出去?再说,在有的村里,农民的住房有时是三层楼或四层楼,在这种情况下,农民的住房可以抵押一半。即使将来还不起贷款,自己还留下一半住房,可以居住。这有什么不妥?

三、农业适度规模经营呼唤完善农村土地承包制,加快实现农民承包地的流转

随着新时期农村形势的发展,现行的农村家庭承包制已有一些不适应的地方。问题主要是把土地等生产要素分散在一家一户,制约了土地规模经营和土地使用效率,影响对土地加大投入的积极性,进而影响农业生产率的提高和农民收入的上升。加之,在农民有可能进城务工的情况下,不少农村青壮年劳动力外出务工,家庭承包的耕地或者撂荒,生产资料闲置,或者只剩下老弱劳动力耕种,使土地使用效率大大降低。这在耕地流转有限的广大农村形成了极不合理的状况。因此,农业适度规模经营是发展现代农业、提高农业生产力的内在要求。没有规模经营,不能有效地利用土地资源,农业生产效率就很难提高。当前土地承包办法急需根据情况的变化调整完善,急需合理科学地配置土地资源,鼓励各地探索土地承包权的多种有效流转方式[1]。

这里,先对转包、出租和土地入股三种主要的土地流转形式作进一步分析。这是因为这三种土地流转形式较为普遍,它们都适用于一定地区,也都具有一些特点。

---

〔1〕 国家行政学院法学部课题组:《成都市农村集体土地流转案例调研与评析》,《政府管理参考》2008年第4期,第1—6页。

以转包形式进行承包地流转的方式在一些粮食产区是适用的。在一些粮食产区,外出务工的农民把所承包的土地转包给本地或外地的种植能手。一个种粮能手如果包下了十几户农民的承包地以后,只雇几个工人,采取机械化生产,就能取得高产并有利润可得。这对种粮能手和外出务工农民都有利。在湖南调查所得到的资料表明:单个农民承包十几亩稻田,收入很低,只够糊口。如果种植能手通过转包形式,承包了200亩以上的稻田,采用机械化作业,雇几个工人,一年生产两季,收获40万斤稻谷,除了柴油、农机折旧和维修、化肥、农药等开支,在加上雇工工资和承包者自己的相当于工资的收入而外,还可以有较多的盈余。而把土地转包出去的农民,进城后的务工或经商收入,也超过了自己种地的收入。

以出租形式流转承包地的方式在一些地方也比较流行。承包地或者出租给种植能手,或者出租给果品或蔬菜企业,或者出租给养殖场种饲料,租金数额通过协商解决。原来的土地承包者有些外出安心务工,有些并不外出,而在土地租出后给租方做工,按月取得工资收入。在广东徐闻县调查的资料说明,当地的菠萝种植园正是在广大农民出租土地的基础上发展起来的。

在目前农村的土地流转中,有四分之三的耕地是以转包和出租形式流转的[1]。

以入股形式进行承包地流转的方式(即农民把承包地作为股份加入农民专业合作社)在一些已经组成农民专业合作社的地区,可能更有推广的价值。农民入股后受聘为农业工人,每月有工资收入,年终还有股利收入[2]。但是,如果农民把承包地直接入股到大公司,可能带来三个问题:第一,在农民专业合作社中,农民作为股

---

〔1〕 引自《财经》2009年第2期,第62页。

〔2〕 刘维涛:《探索中国农村新一轮改革方向》,《人民日报》2008年9月3日。

东是有发言权的,而在大公司中,农民作为股东则失去了发言权。第二,农民专业合作社是农民自己的经济组织,在公司经营不善时,农民们可以商量如何渡过难关,而大公司一旦亏本,农民要求退股(退还所承包的土地)的愿望很难实现,于是会引起社会动荡。第三,如果大公司把农民入股的承包地抵押出去,把资金投往外省,农民在不知情的情况下,等于把土地交给了大公司任意使用,这样也会引起农民不满。因此,农民把承包地入股于农民专业合作社是较好的选择。以前曾经流行过"公司+农户"的土地入股模式。在重庆一些区县调查,这种"公司+农户"模式已经发展为"大公司+小公司+农户"的模式。大公司是指大型的龙头企业,小公司是指农民专业合作社。农民把承包的土地入股于农民专业合作社。这样,不仅农民放心,而且便于监督土地的使用状况。农民专业合作社(小公司)与龙头企业(大公司)之间则以供应生产资料和农产品运销或加工方式订立合同,建立市场供求关系。

还有的地方正在试验新的土地流转形式。例如土地信用合作社的模式。"从经营宗旨来看,(土地信用)合作社不以利润最大化为目的,而是以促进土地承包经营权有序流转和规模经营、实现农民生产和生活方式转变为途径服务于'三农'。"〔1〕在经济效益上看,"土地信用合作社降低了土地承包经营权流转的成本,并通过其良好的示范效应,不仅培育了本地的贷地需求,而且吸引了其他地区的贷地需求,体现了土地承包经营权流转制度的成功创新对农业产业化的积极的作用。"〔2〕此外,有的市县也在试验农民把承包土地存入农村信用社,并收取利息的做法。当地农民把这样的农村信用社称做"小银行"。农民外出务工就放心了。农民之所以欢迎这

〔1〕 程志强:《对我国土地信用合作社实践的思考:以宁夏平罗为例》,《管理世界》2008年第11期,第2页。

〔2〕 同上书,第8页。

种土地流转形式,他们出于以下考虑:第一,风险小,因为农村信用合作社被认为是可靠的,不像土地出租后的租地者(无论是个人租地还是企业租地)都有较大的风险。第二,土地出租收益稳妥并且按时交付,不至于拖延、欠交或打白条。第三,灵活方便,距农民住地较近,并可随时查询。在有的地方,如果农民想收回承包土地,可以提前通知农村信用社,农村信用社届时归还,但不一定归还原来那块地,而是面积相当的另外一块耕地。

另据调查,重庆正在探索建立的农村土地交易市场是实现土地流转的新尝试。通过"地票"("地票"就是用地指标的凭证)交易,将农民自愿放弃的宅基地进行整理并复垦成耕地,并以"地票"形式挂牌出售给需要耕地占补平衡指标的城里用地单位,因此这个市场能够较好地沟通城市与农村建设用地指标的联系,实现农民的土地权益。从这个意义上说,"地票"交易意味着土地指标流转的程序化和公开化,既可以解决宅基地的流转问题,又可以增加城市建设指标,同时不使耕地减少。国务院规定的18亿亩耕地的红线不会被突破[1]。在这方面,建议对重庆设立的农村土地交易市场进行调查研究,及时总结经验。这个市场如果能规范、发展、推广,将有利于将城市资金、技术等市场要素有效导入农村。同时,要探索除宅基地以外,农民承包的土地是不是有希望进入农村土地交易市场,形成承包土地流转的另一种新形式。

在这里,一个有待于说明的问题是:承包地的流转同宅基地的流转可分可合,究竟是"分"更好些,还是"合"更好些?这里所说的"分",是指承包地的流转和宅基地的流转可以分开进行:有些农民只流转承包地而保留宅基地,也有些农民只流转宅基地而保留承包地,但交给熟人代管代耕。这里所说的"合",是指承包地和宅基地

---

〔1〕《全国土地利用总体规划纲要(2006—2020年)》,《人民日报》2008年10月24日。

合在一起流转，如承包地入股了，宅基地置换了，农民外迁了。

应该说，承包地的流转要比宅基地的流转容易些，而且农民如果外出务工，可能先考虑承包地的流转，后考虑宅基地的流转，因为农民本人外出在先，家属外迁在后，农民很少一开始就携带家属一起外出务工的。还有，如果外出务工的农民认为外出务工毕竟是暂时的，等有了积蓄后要回本村创业、盖新房，那么他们就更不会在外出时就流转宅基地。这表明，承包地流转和宅基地流转以分开进行为宜。当然，这并不排除一部分农民愿意把承包地和宅基地合在一起流转。比如说，这些农民有亲属在城里，在亲属的帮助下，工作和住宿实现都有安排，那么他们就不一定先流转承包地，再流转宅基地了。

四、大力倡导、鼓励、支持农民创业，以创业带动就业

在城乡一体化调查中，我曾把浙江和重庆两地的情况作了比较。浙江的情况比重庆要好。这不仅是由于自然条件和地理区位不同，也不仅是由于两地的历史情况不同，更重要的原因在于农民创业积极性不一样，农民创业的环境有差别。浙江统筹城乡之所以搞得比较好，主要原因在于转移出来经商开店的农民多了，也就是自行创业的农民多了，仅温州一个地区就有400万个民营企业老板，其中有小老板，也有大企业的投资者、经营者。而重庆市共有400万农民外出打工，由此就可以看出差距。

转移的农民并非只有进城打工这一条途径。更为稳定、有效而又十分重要的途径恰恰是农民创业，并由此进入非农产业领域。尽管农民创业也有一定的投资风险，但打工不也有一定风险么？农民创业的好处有：一、自身脱贫致富、全家脱贫致富。二、带动更多农民就业，这一方面是由于创业后的农民可以雇一些农民作为雇工，另一方面在于发挥示范作用。三、有利于发展小城镇和县域经济，

因为创业农民所开设的店铺、作坊主要设在县城和镇上。四、繁荣农村经济,这主要指创业的农民为了扩大规模,往往招聘本乡本村的农民前去打工,他们在本乡本土收购原材料,以及用赚得的钱在家乡建房、修路等等。五、农民工回乡创业有利于传播城市文明观念,改变农民生活方式,助推城乡一体化进程。

在一些地方,一些优秀的青年农民经过多年进城打工,在城里学到了本领,开阔了视野,积累了一定资金,有着回乡创业的愿望。调查中发现,从湖南乘汽车到广西,沿着国道走,公路两边的小饭馆、小旅店、小商铺、小作坊,几乎都是到广东打工后返乡农民开的,生意都比较红火。

农民创业需要政府扶植,但目前对农民创业尚缺乏相关政策扶持体系,导致目前农民回乡创业的比例还很小。

当前,我们应当充分重视农民创业对推进城乡一体化的重要作用。要出台进一步扶持农民创业的政策,如手续便捷的小额担保贷款,加大对创业者的贴息补助;允许农民以宅基地以及上面建造的住宅作为抵押获取贷款;对农民创业和农民工返乡创业初期实行减免税政策;大力开展创业培训,树立榜样、宣传典型,鼓励外出务工人员回乡创业等等。

根据现代经济学理论,在创业和经营过程中,物质资本、人力资本和社会资本三者是缺一不可的。物质资本是指投资于厂房、设备和原料方面的资本,这可以通过各种不同渠道筹集到。人力资本是指体现于创业者和经营者身上的知识、技能、经验和智慧,虽然他们因人而异,但人力资本通过个人的努力和个人的实践是可以逐渐积累的。社会资本是指对社会网络、人际关系和相互信任的利用而产生的一种巨大力量,它体现于各种社会关系方面。它是无形的,却可以转化为推动创业的巨大力量。农民在创业和经营时最缺少的往往是社会资本。有些农民,处于偏僻山区,同外界交往极少,信息缺乏,又没有亲戚朋友在外面工作,他们几乎不可能有什么可以利用的社会资本。但这也不是一成不变的，社会资本可以增加，关键在于如何增加社会资本，如何利用社会资本。比如说，本县、本乡、本村的人在外地务工、经商、创业的人多了，对于准备到那里去工作的人来说，就是可利用的社会资本。同乡会、校友会、同学会，不管是有形还是无形的，同样是一种社会资本。农民自己组织起来的各种专业协会，也是社会资本。还有，沿海城市同中西部城市结成帮扶关系后，对其中任何一方，都是可利用的社会资本。有了社会资本，农民创业就会比较顺利一些。

农民创业，对于城乡二元体制改革来说，一个更有深远意义的效应是农民的创业积极性被激发出来了。这是蕴藏在民间的一股巨大的力量，多年以来由于受到城乡二元体制的束缚，这股力量一直是受压抑的。外出务工，只是使这股力量的一小部分得以发挥出来。当然，农民外出务工也可能为此后的自行创业作准备，但务工毕竟不等于自行创业。自行创业之初，不论规模大小，但都体现出农民把投资者、经营者甚至劳动者这几种身份全集于一身了。他们必须熟悉市场，关心市场，改善经营管理，引进服务，并且自己承担风险，这是同受雇的身份不一样的。换句话说，只有进行了城乡二元体制改革，才能真正把广大农民解放出来，成为市场经济中的活跃分子。农民自身有了更大的活力，市场也就增添了更多的活力。创业的农民人数越多，城乡二元体制改革就越顺利。

对农民的创业还应当有更深入的理解。农民创业不仅仅表现为农民在城镇创业，即农民到城镇开店、开作坊甚至办企业，而且也可能表现为农民在农村创业，例如农民将自己的承包地当作市场经济中的家庭农场、家庭养殖场来经营，或者农民利用自己的房屋和庭园办成“农家乐”形式的农村家庭旅馆和家庭饭店，或者农民在乡间从事家庭手工业品的生产和经营，甚至农民个人投资或集体投资在农村办企业，等等。要知道，在城乡二元体制之下，农民的积极性是受到极大限制的，即使他们在承包地上种植各种作物，或者家里养猪养鸡,但都没有把这些看成是一种"创业",他们也没有创业的积极性,他们只不过以此作为一种谋生的手段,聊以糊口而已。当初,农村实行家庭承包制以后,为什么农业、畜牧业产量会大幅提高,短短几年之内农贸市场上鸡鸭鱼肉全都有了,全有赖于农民积极性的提高。目前,可以预料,通过城乡二元体制改革,农民的创业积极性更会迸发出来。加之,农村中总有一些能人,他们先行一步,会使承包地和庭院经济中的创业取得更大成效。于是就产生了示范效应。这样,即使他们不进城,就在承包地上,在自己的住房和庭园中,他们照样会大有作为。同市场的联系越多,越密切,他们创业的热情就越高,他们的精神状态也会发生很大的变化。这对国民经济的发展,对农民自身收入水平的提高,以及对农村面貌的更新,必将产生深远的影响。

五、将统筹城乡综合配套改革作为国家战略,大力支持试验区大胆闯、大胆试

改革需要巨大的勇气和努力,需要宽松的舆论和政策环境,现阶段重庆、成都是统筹城乡发展的试验区,它们可以在体制、机制方面先行先试,错了不要紧,总结经验教训就行。改革是需要付出代价的,不然怎么叫做"路"?[1]三十年前,改革开放的路子正是首先通过建立经济特区的方式闯出来的,经济特区的榜样力量无穷。重庆、成都两个统筹城乡发展的试验区,同样会在这方面充当"探路"的角色,起着示范作用。重庆、成都两个试验区通过改革,在试验区实现了"三个集中",即工业向工业集中区集中,土地向规模经营集中,农民向集中居住区集中。"三个集中"的动向引起了全国关心

---

[1] 刘维涛:《探索中国农村新一轮改革方向》,《人民日报》2008年9月3日。

城乡一体化的人们的注意[1]。这表明,促进城乡一体化的工作在全国具有典型代表性和示范性。全国各省市都希望两地及时总结经验教训,为全国的城乡一体化改革探路、引路。

试验区先行先试,是中国改革开放三十年的宝贵经验。回顾从1978年到现在,哪一项重大改革不是先试点,再总结,再推广的?假定改革的试验同现行法律有一定的抵触,那也不要紧,可以先在少数地方试行,等到条件成熟了,再修改法律或制定新的法律。不妨举农村改革中的两个例子。一个例子是20世纪70年代末到80年代初,当初在安徽凤阳小岗村开始的农村家庭承包,从法律上不仅没有依据,而且,如果死抠法律条文,则家庭承包制显然是不合法的,因为农村家庭承包更改了人民公社制度下土地统一经营的做法,重则可以扣上"图谋资本主义复辟"的帽子。20世纪60年代初,在当时发生大饥荒的环境中,不是有些地方曾经试行家庭联产承包责任制么?但结果是悲剧性的:有些人被抓了,家庭承包的做法被废除了,甚至有的带头人弄得家破人亡。但1979年以后却不同于过去,因为召开了中共十一届三中全会,安徽凤阳小岗村自发的农村家庭联产承包责任制试验被推广了,全国普遍推行了农村家庭联产承包责任制的做法。另一个例子是20世纪80年代前期,乡镇企业兴起后,乡镇企业为了购置原材料和推销自己的产品,派出了不少采购员、推销员,跑遍全国,在计划经济体制之下形成了一个"计划外市场"。在当时,这也是不合法的,并且可能被扣上一项罪名:投机倒把罪。但大批乡镇企业并没有就此停步。它们继续采购,继续推销,继续招人聘人,继续扩大生产。这样,乡镇企业终于逐渐发展壮大。这就说明,改革是在不断试验,不断总结中一步步前进的。因此,对重庆、成都的城乡一体化试验,要充分支持,充分

[1]　刘裕国:《成都城乡一体化夯实发展基础》,《人民日报》2009年3月29日。

信任,相信这些试验会为中国城乡二元体制的改革探出一条新路。

当然,中国的国土面积这么大,农民人数这么多,而且各地经济和社会的发展又如此不平衡,所以不要设想城乡二元体制改革可以很快就完成。农村家庭承包制推行三十年了,在这段时间内,中共中央和国务院研究过多少次,出台了多少个重要文件,才开始转到城乡二元体制改革的轨道上来,而且这一改革至今仍在试验阶段。当然,也许用不到三十年的时间,但至少也得花上二十年:到2028年,也就是到了中国改革开放五十年的时候,城乡二元体制改革才能被认为取得了决定性的胜利,估计到那个时候,城乡体制已经一元化了。

估计城镇化的速度在这二十年内会加快,中国与美国的国情不同,把农村人口的比例降到像美国那样的4%—5%,是不现实的。但能不能降到25%—30%呢?也就是说,城镇人口要占70%—75%。看来,这还是有可能的。到那时,户籍是统一的,社会的职业分工是必要的,人们之间只有居住地点的不同和职业分工的不同,权利是平等的,机会也是平等的。这就是城乡一体化的真正含义。曾经存在过的城乡二元体制于是就将成为中国历史上的一段插曲[1]。

六、城乡一体化改革中最困难的问题是就业问题以及失业失地农民的社会保障问题

那么,城乡一体化改革进程中,最困难的环节究竟在哪里呢?不在于承包土地的流转,不在于宅基地的置换,也不在于从二元户籍制度转为一元户籍制度,而在于以下这个大问题:这么多的农村人口陆续进城居住,城市中有这么多工作岗位吗?如果城市就业不

---

〔1〕 李晨:《宅基地流转的重庆试验》,《北京青年报》2008年11月3日;周春林:《宅基地流转的成都突破》,《北京青年报》2008年11月2日。

足,进城的农民中,不少人将成为无业者,这样就会影响城市的稳定和发展。而且,已经进城的农民如果在城里长期找不到工作,他们只得返回农村,但在农村还有土地可耕种吗?土地对农民来说,既是收入的来源,又是社会保障的依托。假定连农村的承包地都失去了,他们回乡后又怎么生活?下面,从三方面对此进行分析。

第一,在城乡二元体制改革过程中,必须保持较高的经济增长率。

从世界各国的情况可以了解到,在任何一个国家,新的工作岗位总是在经济增长中涌现的。尽管存在经济增长与就业增长的不对称性,即就业增长总是滞后于经济增长,但经济增长导致就业增长却是不容置疑的。然而现阶段中国就业问题具有复杂性和长期性。比如说,在西欧国家,一般只要年经济增长率保持在2%—3%,就业市场基本上是稳定的,不会出现多大的就业问题,中国经济增长率要保持在9%—10%及以上才不会产生失业严重化的现象;如果经济增长率降到7%以下,失业问题就会相当突出。原因何在呢?

1. 西欧国家多年来经济增长率较低,每年新退休一批工人,腾出工作岗位,可以由新达到就业年龄的年轻劳动力补上空缺。即使经济增长率较低,失业问题不会严重。在那些国家,构成失业队伍的主要成员是国外移民中的求职者。不仅如此,西欧国家的工业化开始较早,在长达一二百年的工业化过程中,农村劳动力的释放已差不多了,现在不会有很多农民想进城打工,来自国内农村的就业压力明显减少。

2. 更重要的是,中国与西欧国家在体制上的一个巨大区别,就是西欧国家早已不存在城乡二元体制,而中国至今仍存在城乡二元体制。在城乡二元体制下,城乡由于体制不同而割裂开来,城乡在社会经济生活方面存在着因体制不同而造成的巨大差异。如果存在着传统的计划体制,城乡人力流动受到严重限制,那么不管农村中的劳动力多么想到城市中来工作,也难以如愿。但从20世纪80

年代以后,随着中国改革开放的进展,尽管城乡二元体制未被取消,但城乡之间的人力流动却放松了,于是就出现农民工进城浪潮。农民工进城,不仅是为了增加收入,而且还为了在城市生活,得到与城市居民一样的待遇,而且只要城里找到的职业比较稳定,就把家属接进城市。这样,农村劳动力的供给就是源源不断的,而城市对劳动力的需求却是有限的,就业压力难以缓解。加之,农民在中国人口中的比重大、数量多,一些外出务工的农村劳动力在城市中找到了工作,就会吸引更多的同乡进城,所以就业压力的存在肯定是长期的。西欧国家则没有这样的情况,因为那里不存在城乡二元体制。

3. 由于中国依然处于从计划体制向市场经济体制过渡的阶段,国有企业在国民经济中仍占有举足轻重的位置,民营企业是在20世纪80年代以后陆续发展起来的。在企业规模方面,国有企业主要是特大型和大型企业,它们的技术装备好,资本雄厚,甚至在某些行业成为垄断性企业,但国有企业属于资本密集型和技术密集型企业,吸纳的劳动力,尤其是一般劳动力是有限的。民营企业绝大多数是中小企业,其中很多是劳动密集型企业,吸纳的劳动力多。但是,民营企业在许多方面(如税收、融资、政府采购等)尚未受到公平待遇,在经济中处于弱势。一旦经济发生动荡,首先受到冲击的是民营企业。这样更加加剧了劳动力市场上供大于求的状况。而在西欧国家,虽然也有国有企业,但数量不多,在经济中起作用的主要是私营企业,只要经济有所增长(哪怕经济增长率只有2%—3%),只要人均GDP增加了,私营企业,包括大量小企业,就会进一步发展,增雇劳动力。

4. 中国是一个耕地面积有限、人均耕地面积很小的大国。据统计,中国现有2.27亿农户承包了耕地,每户平均承包经营的耕地只有5.36亩[1]。农民耕地不足，自20世纪80年代以来，不断有农民外出务工、经商。另据统计，中国现有9.5亿农村户籍人口，除了中小学生和老人，约有5.3亿劳动年龄人口[2]。其中，3.2亿劳动力真正从事农业（包括林、牧、渔业），余下的2.1亿劳动力中，统称为“广义农民工”。广义农民工中包括两部分人。一部分是离土不离乡的、在乡镇企业工作的职工，约8 000万人，其余1.3亿人是外出就业的农民工，他们被称为“狭义农民工”[3]。可见，今后如果不从农村继续分流出去大批劳动力，在农村生育率较高的条件下，人均耕地会更少。为了提高农业的单位面积产量，走规模化经营的道路和农业集约化的道路是大势所趋。但据2006年的资料，全国（除西藏外）耕地流动面积只有5 551万亩，只占家庭承包经营耕地面积的4.57%[4]。加快耕地流转势在必行。而土地流转的后果之一是在农业中实际从事生产的劳动力数量会下降，于是又会推动农民进城务工。这种情况在西欧国家是不存在的，因为那里的农民人数已经不多了，农民有自己的家庭农场，面积适中，需要家庭成员全力经营，才能得到好收成，他们不急于进城，也不愿意丢掉土地去做工。

5. 第二次世界大战结束以后的几十年间，西欧国家的社会保障制度已逐渐完善，无论城市居民还是农民都能享受到较好的社会保障待遇。进城的农民同城市居民一样，有相同的社会保障待遇。即使他们所在的企业倒闭了，他们失业了，由于有了社会保障，他们一般不会返回农村。中国的情况与之不同。长期以来，“城乡二元

---

[1]　引自《财经》2009年第2期，第62页。

[2]　同上。

[3]　同上。

[4]　同上。

分割制度是农民工无法获得同等社会保障的根本原因”[1]。现在,中国的城乡社会保障改革刚刚起步,至今仍处在初始阶段,因此,失业的农民工只好返回农村;如果农村的承包土地已经流转出去而又没有相应的社会保障待遇,他们便成为无地无业无社会保障的“三无”农民。这是最令人担忧之处。

6. 再从产业结构看,中国的就业压力大与产业结构中第三产业较小有关。西欧国家从工业化开始,经历了200多年,最终形成了这样的产业结构,即在GDP中,第一产业通常只占百分之几,第二产业占到百分之二十多,第三产业则占到70%以上。服务业成为最大的产业,它吸收了大量就业者,包括自行创业的中小型服务业企业的业主们。而中国至今仍然处于工业化中期,第三产业发展较缓慢,大约只占GDP的40%。第二产业则仍是劳动力力求进入的主要行业。因此,中国服务业发展的滞后是就业压力形成的一个重要原因。需要探讨的是:为什么中国的服务业发展较缓慢?可以从城市化速度慢和城乡居民大多数收入偏低来分析。由于城市化速度慢,农民人数多,而且农民的收入偏少,因此对服务业产品的需求只可能缓慢增加。那么,为什么城市化进展迟缓呢?为什么农民收入偏少呢?这又同城乡二元体制的存在有直接的关系。由此可以作出判断:产业结构问题在现阶段的中国是同城乡二元体制的存在联系在一起的:离开了体制原因,说明不了产业结构问题。

总之,在中国城乡二元体制改革中,经济必须保持高速增长,这是由中国的国情决定的。在中国,高经济增长率和城乡二元体制之间存在着特殊的关系,即没有高经济增长率,就业压力将一直是巨大的;而就业问题难以缓解,城乡一体化的进程必然会放慢。只要城乡二元体制改革取得了重大进展,城乡一体化逐步实现了,农村

---

[1] 中国科学院“农民工返乡机制研究”课题组:《徘徊在城乡之间的中国农民工》,《光明日报》2009年4月9日。

居民和城市居民在权利上趋于平等了，农村人口外出的压力减轻了，经济增长也就不一定需要那么高的速度了。

第二，在城乡二元体制改革过程中，必须切实有效地实现经济转型。

前面已经提到，在城乡二元体制改革过程中，中国需要高经济增长率，才能缓解就业问题。但我们也应该看到，持续的高经济增长率会带来很大的风险。这些风险是：

1. 只顾速度，不问效益，资源消耗率居高不下，环境遭到破坏的趋势未能扭转，必定影响经济和社会的持续发展。

2. 持续的高经济增长率，往往同投资过大联系在一起。投资需求过大，要素价格持续上升，由此将引发通货膨胀。

3. 为了促进经济增长，而忽略产业升级和产业结构调整，很可能引发某些行业产能过剩，由此导致经济发生巨大的波动和下滑，从而需要再度加大投资，刺激经济。

4. 在上述情况下，银行放贷中坏账的比例将上升，这是金融风险增长的反应。

可以断言，有必要在经济增长的同时实现经济转型。如果没有经济的转型，经济不可能实现又好又快的增长，不可能实现提高经济增长质量这一目标。

经济转型一词有两层含义。

由于经济转型始终与结构调整、产业升级紧密地联系在一起，所以经济转型的第一层含义是：抓紧时间实现产业结构和产品结构的调整，以及产业的升级，鼓励企业自主创新，把提高经济增长的质量放在首位。经济转型的第二层含义是：抓紧时间实现就业结构或劳动力结构的调增，以及劳动力素质的升级，使技术人员、研发人员的比重上升，使熟练技工的比重上升，利用目前这段时间开展职业技术培训工作，以迎接新阶段的到来。

只有实现了这两层含义的经济转型，中国才能成为名副其实的经济强国、工业强国,才能既是世界的制造中心,又是世界的创造中心。同时,也只有实现这两层含义的经济转型,城乡二元体制的改革和城乡一体化的蓝图才有可能早日成为现实。道理是很清楚的,因为这时的经济增长才是又好又快的经济增长,能提供更多的就业岗位,并且不至于引发经济的剧烈波动,使人们的收入稳步上升。也就是说,我们所说的经济增长能够带动更多人的就业,不是单纯依靠 GDP 的增加就能使就业岗位不断增多,而是指在 GDP 增长的基础上,人们的收入能稳步上升,人们的消费结构能不断调整,从而导致产业结构发生变化,导致第三产业在 GDP 中的比例不断加大,这样才能吸收更多的人就业。从 GDP 增长到就业增长之间,有三个重要环节,即人均收入增长、消费结构变化和第三产业在 GDP 中的比例扩大,从而形成“GDP 增长→人均收入增长→消费结构变化→第三产业在 GDP 中比例扩大→就业增长→GDP 持续增长……”

具体地说,一定要认真落实科学发展观,重视经济增长的质量,而不能片面追求经济增长速度,即不能片面讲“快”而盲目攀比经济增长率。为此,根据中国当前经济增长的特点,应当着力于优化结构、提高效益、节能降耗和治理环境。发展能够快一些就快一些,但这样的高速度应当在经济转型中实现,应当使人民的生活质量得到切实提高。工业化初期曾经采取的粗放型增长方式应当摒弃,粗放型增长方式是不符合可持续发展的。

为了实现第二层含义的经济转型,有必要加紧人才的培养,实行新的人才战略。这也是推进城乡一体化的需要。总的来说,在人才培养方面,必须尊重知识,尊重科学,尊重人才,尊重创新,提高全社会的创新意识。只有倡导创新精神,完善创新机制,才能激发全社会的创新活力,使人才脱颖而出。同时要加大倡导全社会敢于创新、勇于竞争和宽容失败的精神。不宽容失败,就不可能有真正的创新。为此,教育改革、教学内容和教育方式的改革是必要的。今后应当注意创新能力的培养,推进素质教育,培养学生的独立思考能力，鼓励学生参加社会实践和创新实践，这样才能涌现一大批有创新精神的人才。

要知道，农村中蕴藏着大批人才，他们在过去很长的时间内之所以没有涌现出来，主要是由于受到城乡二元体制的束缚，这不仅是由于他们生活在城乡分割的条件下，没有受到良好的教育，更重要的是没有发挥自己才能的环境，他们的积极性受到挫伤。试看，当初开始推行农村家庭联产承包责任制之时，尽管城乡二元体制依然存在，但毕竟稍有松动。这样，从广大农村不就涌现出一些能人和农民企业家？今后，如果消除了城乡二元体制，走上城乡一体化的道路，大环境改变了，蕴藏于农村中的创新人才就会大量涌现[1]。城乡一体化之后的小城镇建设和新农村建设，需要多少敢于创新和创业的人才，他们来自何处？不正是来自广大农村，来自涌入城镇的农民之中么？

第三，在城乡二元体制改革过程中，必须让失去土地的农民有稳定的个人社会保障账户。

在城乡二元体制改革过程中，不要形成一批"三无农民"，即无业无地，又无社会保障的农民。关于进城的农民或留在农村的农民，可以分为以下几种情况：

一种情况是：无论是留在农村还是进城务工或经商的农民，他们把承包的土地转包了，出租了，或入股了。这种情况下，他们不能被认为已经失去了承包的土地。

另一种情况是：如果他们通过宅基地的置换而进城工作或居住，并由此得到了城市户口、城市住房和城市低保，他们也不能被认

---

〔1〕 刘阳生：《建立城乡统筹的就业支持体系，促进城乡之间劳动力的合理流动》，《中国发展》2008 年 12 月，第 62—65 页。

为已经失去了宅基地[1]。再有一种情况是:由于各种原因,农民的承包地或宅基地被征用了或被收购了,如为了修公路,修铁路,修机场,建工厂,修水库,建城市住宅区,农民失去了自己的土地,但也得到一笔补偿费。在这里,姑且不谈补偿费的多和少,不谈补偿制度的标准是否合理,也不谈补偿费发放到农民手中时是否被人贪污了一部分,而只讨论农民把领到的补偿费花完了,又没有合适的工作,或者当了一段时间农民工又失业了,后者经营的小商店、小作坊亏损了,关闭了,那该怎么办?这样不就成了真正的无业、无地、无社会保障的"三无农民"?

为了防止这种情况的发生,应当在征用或收购农民的承包地或宅基地时,让失去土地的农民建立稳定的个人社会保障账户,个人账户中的社会保障资金由三部分组成。一是政府从土地转让所得的资金中划拨一部分进入农民个人社会保障账户;二是得到了补偿费的农民从自己所领到的补偿费中划出一部分,进入个人社会保障账户;三是由得到土地的开发商、企业或建设单位交一笔钱,进入农民个人社会保障账户。这三部分资金都是强制性交纳的。农民有了个人社会保障账户中的保障,再遇上生活困难时就可以有所依靠了。

比较特殊的是以下两种情况:

第一种情况:经济形势较好,外出务工的农民把承包地出租给种粮大户,每年取得租金;到了经济形势较差时,外出务工的农民回乡了,他们无以为生,就向承租土地的种粮大户索取土地,否则他们就成了无业无地农民了。在这种情况下,有的种粮大户就办起了农民专业合作社和粮食加工企业,既保住了农业的规模经营,又让租地给他的农民稳定下来,有了工作和收入。这种情况被称为"种粮

---

[1] 国家行政学院法学部课题组:《成都市农村集体土地流转案例调研与评析》,《政府管理参考》2008 年第 4 期,第 4 页。

大户的转型”[1]。

第二种情况：农民在把承包地入股到企业之后，虽然不能被认为是失去了土地，但如果以后企业倒闭、破产了，农民不仅失去了土地入股后本来可以按年领取的红利收入，而且连原来的承包地也丢掉了，这不是“失地”又是什么？关于这个问题，前面已经提出，根据重庆试验区的经验，农民应当把承包地入股到农民专业合作社（小公司），而不要把承包地入股到龙头企业（大公司）。然而，农民专业合作社既然作为市场主体，仍会有投资风险和经营风险，一旦这种农民专业合作社经营不善，或投资失误，亏损累累、倒闭、破产了，那又该怎么办？这是一个迄今尚未找出有效对策的难题。常言说“不怕一万，只怕万一”，在探讨土地流转中农民把承包地入股这一形式时，不能不防止可能发生的农民失地风险。

一种可供选择的对策是：试行土地入股保险制度。这正如居民到银行存款一样，如果银行倒闭了，居民存款岂不是血本无归了？于是就有了银行存款保险制度，由保险公司为居民存款保险，以减少个人存款账户的损失。可以试行的土地入股保险制度是指：在一些城市设立由国家控股的专营农民土地入股的保险公司，或在现有的国家控股的保险公司下面设立专营农民土地入股保险业务的子公司。农民专业合作社在吸收农民承包地入股后，就在保险公司上保险，定期交纳保险费，如果万一因市场风险而导致农民专业合作社倒闭了，保险公司给土地入股的农民以一定的补偿，以减少他们的损失。平时，保险公司可以对农民专业合作社的经营进行监督、帮助，防止出现巨额亏损等情况。

总之，改革是需要“探路”的，改革总是在试验中积累经验的。我相信，通过实践、实践、再实践，城乡一体化必定能顺利推进。

---

[1] 杜安娜、何涛：《农民返乡要地，种粮大户转型》，《广州日报》2009年2月24日。

总论

习近平总书记指出,“道路问题是关系党的事业兴衰成败第一位的问题,道路就是党的生命。中国特色社会主义,是科学社会主义理论逻辑和中国社会发展历史逻辑的辩证统一,是根植于中国大地、反映中国人民意愿、适应中国和时代发展进步要求的科学社会主义,是全面建成小康社会、加快推进社会主义现代化、实现中华民族伟大复兴的必由之路。”中国道路是走符合中国国情的发展之路,中国道路是让中国走向发展和富强之路,也是中国特色的社会主义之路。

中华人民共和国成立70年,中国在双重

转型、新型城镇化、跨越中等收入陷阱、混合所有制经济改革、民营企业发展、蓝领中产阶级崛起与成长、政府职能转变与简政放权、农民工创业等方面探索出一条符合经济发展规律的“中国道路”。进一步增强了中国道路自信、理论自信、制度自信、文化自信，确保中国特色社会主义道路沿着正确方向胜利前进。

中华人民共和国成立70年，中国道路丰富了世界发展模式的多样性，中国的经济发展也必然伴随着各种问题，应该一切从实际出发，不相信任何教条，用自己的眼光来进行判断和取舍，不回避发展中存在的问题和来自内外的多重挑战。《中国道路与中国经济发展70年》一书主要围绕中国现实的经济问题展开，突出中国特色的经济发展之道。其主要从以下方面对中国道路进行探索和总结：

第一，在新城镇化方面，我们认为传统城市化模式是不适合中国国情的。根据中国国家统计局的资料，迄今为止中国的城镇化率接近60%。但据研究中国城镇化专家的意见，中国目前的城镇化率还不到50%，理由是，中国至今仍存在城乡分割的二元户籍制度，城镇中一些农民工虽然在城镇中已是常住人口，但农民户籍未变，身份仍是“农民”，不能同城市居民享受同等待遇。所以城镇化率对于现阶段的中国仍有意义，这反映了城乡一体化程度的不足。从另一角度看，如果中国要达到西方发达国家的城市化率，即90%以上的人口集中于城市，那么城市居住条件必定恶化，居民生活质量必定下降。即使城市会因人口的增加而新增不少服务业就业岗位，但就业机会依然满足不了涌入城市的农民们的要求。因此，中国必须走适合中国国情的城镇化道路，即中国城镇化分三部分：老城区+新城区+农村新社区。而且，中国的城镇化实际上恰恰体现了双重转型的特征。中国的双重转型是指：这种转型既是“发展转型”，又是“体制转型”。“发展转型”意味着由农业社会过渡到工业社会。“体制转型”意味着由计划经济体制过渡到市场经济体制。自1979年改革开放以来，这两种转型在中国是重叠的。所以中国的城镇化完成之日,正是上述双重转型成功之时。破除城乡二元户籍制度可能是双重转型中具有关键意义的一段。中国城镇化唯有走适合国情的道路,才能实现城乡居民无身份差距和权利平等的目标。

第二,在能否跨越"中等收入陷阱"方面,"中等收入陷阱",实际上包括了三个"陷阱":"发展的制度陷阱"要靠深化改革来避免,这里包括对不合理的土地制度的改革、完善市场经济体制的改革和从制度上消除各种歧视;"社会危机陷阱"要靠缩小贫富差距、缩小城乡收入差距、地区收入差距和社会管理创新来避免;"技术陷阱"要靠技术创新和资本市场创新来解决。在经济发展的任何收入阶段,都会有门槛,都会有"收入陷阱"。能不能闯过去,要看有没有适当的制度调整,有没有社会的安定,有没有技术创新和资本市场的密切结合。中国至今仍然是一个发展中国家,而且由低收入国家行列进入中等收入国家行列的时间并不久。在中等收入阶段继续前进时,中国会不会遇到"中等收入陷阱",并深深地落入其中,这已经成为人们关注的热点问题之一。中国将会落入这一"陷阱",这是唱衰中国经济的人们的意见,甚至是他们的愿望。中国完全可以绕开或越过"中等收入陷阱"。我们应当站得更高些,看得更远些,为以后绕开或越过"中等收入陷阱"早做准备。

第三,在混合所有制经济方面,中国特色的混合所有制经济之路,是我们自己走出来的。支持并鼓励混合所有制经济的建立和发展是中国社会主义经济理论重大创新。建立和发展混合所有制经济的现实意义为:有利于消除各方阻力,确定市场调节在资源配置中的决定性作用;有利于盘活资本,将国有资源开发和使用列入规划,纳入中国经济建设中。建立和发展混合所有制经济的四个途径包括:其一,鼓励现有的国有企业走向混合所有制。鼓励现有的国有企业走向混合所有制,包括容许非国有资本参股国有企业,使国有企业由国有全资转为多种所有制合营。其二,鼓励发展非公有资本控股或参股的混合所有制企业。在鼓励发展非公有资本控股或参股的混合所有制企业方面,应采取自愿原则,即民营企业或民间资本是否参股于国有企业,是否愿意同国有资本共建一个混合所有制企业,完全听其自愿,不采取硬性规定,不摊派,不强制。其三,加强员工持股的规范化。无论是国有企业还是民营企业,如果愿意实行员工持股制,由它们自行决定,政府有政策,对员工持股制的实行有政策可依,但应当规范化,这样才能避免出现后遗症。其四,界定不同行业的国有企业功能,以及针对不同行业特点提出改革措施。比如说,城市供电、供水、供气、公共交通、垃圾处理、廉租房建设和管理等保障民生为目标的公益性国有企业,国有资本可以控股,但也可以发行一定比例的股票,供民间投资购买。这样,可以促进这类企业在提供公共产品方面发挥更大作用。又如,石油、天然气、电信、电网、铁路、稀有金属开采与分配等具有自然垄断性的行业,仍需国家控股,但这不排除国有企业股权设置的多元化,也不影响规范地实行员工持股制(包括产权激励制)。

第四,蓝领中产阶级正在崛起与成长。蓝领中产阶级的成长告诉人们,在依法治国的理念下,只要实现了机会均等,只要劳动者勤于工作,努力学习,不断增加知识和技能,无论受雇于人还是自行创业,都会有收获。社会垂直流动渠道的畅通,使每一个勤奋进取的工作者都会有前途。这将是社会风气的巨大转变,人们会记住,未来的前途主要来自个人的努力,而并非依赖于家庭出身、父辈的门第或者祖上留下的遗产。蓝领中产阶级的成长还告诉人们,在一个既重公平、又重效率的社会里,这一事实本身表明了公平和效率是可以同时实现的,而且公平和效率可以处在相互促进的状态。蓝领技工和熟练技工在收入提高后,完全有可能成为中产阶级的一员。家庭农场主也是这样,他们也完全有可能不再以过去农民的姿态出现于乡村。家庭农场主不仅会以农业、养殖业、畜牧业、林业中的新型市场主体代表者的身份出现,而且还可能以新型农业企业家的面貌出现于市场上。他们的收入增长后,同样会进入中产行列。完全有理由把这些务农者称为蓝领中产阶级的一员。蓝领中产阶级的成长意味着“金字塔形”收入分配结构正在向“橄榄形”或“鸡蛋形”收入分配结构转变,这是符合经济发展规律的。

第五,简政放权工作,既是缩小计划经济体制的范围所必需的,也是完善社会主义市场经济体制所必需的。简政放权工作的深入开展与宏观经济调控的适度运用是密切相关的。不能因为有了简政放权就可以减少宏观经济调控的使用,也不能因为有了宏观经济调控措施就可以放松简政放权。这是两个不同方面的问题。关于简政放权,可以认为这是提高行政管理效率不可忽视的环节。即使已经实现了从计划经济体制向市场经济体制的转变,从提高行政管理效率,从便于市场主体和公众的角度出发,简政放权工作仍是政府应当关注的。至于宏观经济调控,则是市场经济体制之下为维持国民经济的稳定,促使充分就业、物价基本稳定、经济持续增长和国际收支平衡等政策目标的实现所不可缺少的手段。因此,简政放权和宏观经济调控相互配合,相互促进,应当是新常态的内容之一。

第六,在农民工创业方面,中国正在悄悄地进行一场人力资本革命。现阶段,城乡二元户籍制度改革正在全国许多地方推进。这是中国改革开放以来农村改革的第三次浪潮。第一次浪潮是20世纪80年代初所推行的农村家庭联产承包责任制,第二次浪潮是21世纪第一个10年过去以后在全国有些地区开始兴起的农村土地确权工作和贯彻土地流转的改革。第三个浪潮就是最近积极推进的城乡二元户籍制度的改革。这将是摆脱计划经济体制和建立市场经济体制的改革中不可缺少的步骤,也是推动农民工创业的重要措施。农民工创业过程中,包括农民工家属融入城市社会生活的体制障碍都将在城乡二元户籍制度改革后消失。今天的中国正在悄悄地进行一场人力资本的革命,主力就是农民。不管他们是不是外出而返回家乡的“城归”,也不管他们是不是继续务农的农民,他们已经懂得了学知识、学技术、交朋友、闯市场的深远意义。另外,返乡农民工创业利用土地所采用的差异化土地流转方式对农户家庭总收入及其结构性来源影响的研究,我们得到以下几方面的研究结论:其一,与租赁制流转相比较,农地股份合作制流转和农民专业合作社流转更能够促使农民增收,而且农地股份合作制流转、农民专业合作社流转和农地租赁制流转对农户家庭总收入结构性来源的效应具有差异性。就长期收入而言,农地股份合作制流转和农民专业合作社流转相比农地租赁制流转更能有效地促进农民增收。其二,农地股份合作制流转、农民专业合作社流转与农地租赁制流转对农户家庭总收入结构性来源的促进作用各有高低。在农户工资性收入与财产性收入方面,相比较农地租赁制流转,农地股份合作制流转对农民增收效果更为明显,而且对其收入的提高幅度更大。其三,农地股份合作制流转和农民专业合作社流转更能有效地促进土地规模适度经营和提高土地生产效率,而农地租赁制流转在此方面的作用则相对较有限。在农地股份合作制流转下,由于大量资本和科技投入,农地生产集约化、规模化,农地产值大幅增加。其四,农地股份合作制流转风险和成本高于农地租赁制流转,且成立条件较为严格。就农民增收的效果而言,农地租赁制流转低于农地股份合作制和农民专业合作社流转,而且出租期限较短、投入较少,且可以及时灵活地改变农地经营方式,尽可能地减少损失和回避风险。

第七,应对人口老龄化方面,中国的老龄化和"农民工"数量的减少,并不意味着中国的人力资本红利已经用尽。人口老龄化与人力资本革命的并行就是当前中国所面临的契机之一,它使我国社会进一步懂得提高劳动者知识和技术的迫切性。由于人口老龄化的来临会引发高级人才(包括从事科学技术创新创业研究的专家、学者、熟练工人和技师)的供给不足所带来的问题,主动延迟这些高级人才的退休年限,让这些高级人才延长工作年限以促进他们的供给,化解人口老龄化的压力,同时还建议鼓励和扶植这些愿意退休的高级人才自主创业,自主经营,以促进经济的发展。实践明确地告诉人们,旧的人力资源红利仍然继续存在,而且无论城市还是农村、无论沿海地区还是内陆省份,人力资本正在发生一场巨大的革命,使中国的人力资本正在转型,新的人力资本必将带来新的人力资本红利。总之,从人口老龄化本身来说,的确是现阶段中国社会经济生活中的现实问题。我们一方面要认真细致地分析人口老龄化会给中国社会经济带来什么样的压力或不利影响,但另一方面也要了解到,人口老龄化既然已经来临,我们不能消极地看到这一现象,而应寻找有效的对策,变被动为主动,不可错过人口老龄化所提供的机会。而且,在人口老龄化过程中英国加强国民文化修养、道德素质的重要性。社会最大的红利是社会和谐红利,即来自社会和谐的红利。要重视文化产业的作用,关注全民道德素质的提高。当社会上越来越多的人懂得尊老、敬老、帮老、助老的深远意义,当"老有所养""老有所为""老有所乐"得以落实的时候,全民道德素质将转化为社会和谐的氛围,人口老龄化将不再成为社会的压力,而会转化为一种新的社会建设、经济建设和文化建设的成果。

2019 年是新中国成立 70 周年,站在这个历史时刻,我们要在把握机遇、迎接挑战,向着实现中国梦的宏伟目标迈进。我们必须要统筹好国际国内两个大局,全面深化改革开放,抓住机遇、努力发展,补齐短板,奋力实现中国梦的发展愿景:

第一,要继续深化农村土地改革,助力城镇化和乡村振兴。党的十九大报告提出,对于农村土地制度,要"巩固和完善农村基本经营制度,深化农村土地制度改革,完善承包地'三权'分置制度"。对此,我们还需要从以下几个方面努力:首先,深化农村集体产权制度的改革,将农村土地改革与城镇化和乡村振兴结合起来。在新型城镇化推进过程中,有机结合农村土地改革、现代农业产业发展与乡村建设,为推动乡村产业兴旺、促进城乡融合发展、实现乡村振兴战略目标,发挥向心合力作用。对集体建设过程中土地的所有权、使用权、收益分配进行明确规定,能够平衡集体和农户间的关系,保障农民应得利益;其次,要深化承包地的“三权分置”改革,进一步明确三权产权的权益内涵、边界及期限。最后,可以探索建立农村土地股份合作社,完善相应补偿机制。土地股份合作社有利于促进农业的产业化、规模化、集约化生产,促进农民增收。

第二,建立健全金融市场,更好地服务实体经济。深化金融供给侧结构性改革,确保金融市场在实体经济发展中发挥良好的作用,将“放管服”改革作为深化金融改革的重要内容,实施层级管理,划分中央与地方的金融职权,构建多层次、广覆盖、有差异的金融体系;管住金融机构、金融监管部门主要负责人和高中级管理人员;优化实体经济发展环境,继续改善小微企业和“三农”金融服务,最大限度激发市场活力,增强金融服务实体经济能力。同时,应该积极稳妥防范化解金融风险,把防范化解金融风险和服务实体经济更好地结合起来,推动我国金融业健康持续发展。

第三,要激发民营企业活力,消除民营企业发展的障碍。民营企业经过多年的发展,已经成长为国民经济的重要组成部分,同时也为我国产业升级和结构优化做出了巨大贡献。然而,目前民营企业发展还存在着诸多障碍,如市场准入障碍、无法平等获得要素资源、产权无法得到有效保护等。同时,其自身也存在管理制度落后、官商结盟谋取利益等不端行为。因此,为了促进我国民营企业发展,必须消除其发展障碍与自身问题。一方面,政府要有效落实促进非公有制经济发展的政策,为民营企业创造平等的市场准入条件,同时进行要素资源市场化改革,保证民营企业能够平等获得资源;同时推进管理体制改革,限制权力滥用,以打消部分民营企业走歪门邪道的念头,打造政府和企业之间“亲近”、“清明”的关系。另一方面,民营企业自身可以从外部引入职业经理人,建立起科学有效的管理机制。

第四,提高科技创新和技术能力,鼓励创新型企业上市。创新是引领发展的第一动力,是建设现代化经济体系的战略支撑。现阶段，我国经济已由高速增长阶段转向高质量发展阶段，对推动大众创业万众创新提出了新的更高要求。为此，一方面，政府要承担好创新创业环境的营造者的角色，通过简政放权释放企业创新活力，通过营造公平的市场环境、加大财税政策支持、优化服务等措施来激发企业创新活力；另一方面，要增强创新型企业引领带动作用，推动高校科研院所创新创业的深度融合，健全科技成果转化的体制机制。

第五，调整对外开放战略，积极融入国际化。改革开放以来，我国一直推行经济对外开放政策。出口导向工业化发展模式的成功，使得我国在全球经济合作中获得了巨大的经济利益，同时也给世界各国的经济带来了利益共赢。近年来，我国在国际合作方面成绩斐然，确立了“一带一路”这一重点经济开放倡议，推动与沿线国家的合作对话，建立了新型全球发展伙伴关系；同时，为适应国际经济新形势和新秩序，我国加快了双边、多边自由贸易区的谈判。但是，中国国内劳动力成本的上升、制造业过剩、产业挤出性转移，以及国际政治经济格局发生的一系列转折性变化，都使得我国不得不调整、改进对外开放战略。在新形势下的对外开放中，我们要注意以下几个问题：其一，转变对外经济发展模式。从传统的出口导向的工业化发展模式，转向产业升级与出口替代型的后工业化时代经济发展模式，同时实现从劳动力密集型制造业向资本技术密集型制造业和服务业升级。具体措施包括推进智能制造；鼓励硬技术研发、形成中国自主技术和品牌；鼓励民营企业在国外建立销售网络，收购国际知名品牌，形成自己主导的贸易渠道。其二，要为中国的和平发展创造良好的外部条件。在多边层面上，中国应该坚定不移支持多边贸易体系，推进贸易自由化和便利化。在区域合作层面，要针对区域一体化趋势，真正制定好区域合作战略。正如十九大报告提出的，以“一带一路”为重点，推动形成全面创新的新格局。下一步，我国要从战略高度谋划机制和规则建设，并扎实稳步推进。

最后，打造全球能源互联网，构筑人类能源命运共同体。2017年5月14日，中国国家主席习近平在“一带一路”国际合作高峰论坛上发表主旨演讲，指出“要抓住新一轮能源结构调整和能源技术变革趋势，建设全球能源互联网，实现绿色低碳发展”。构建全球能源互联网的倡议立足于打造人类命运共同体，立足于全球可持续发展，立足于应对人类面对的共同挑战，体现了中国的大国责任和引领作用。全球能源互联网的建立有着深刻的战略意义和战术价值。作为全球能源治理的重大变革和创新，全球能源互联网描绘了未来世界能源发展的崭新蓝图，必将深刻改变全球能源发展、经济增长、社会生活的各个方面，开辟世界能源变革新局面，开启全球能源合作新时代，在人类能源发展史上具有深远意义。

我们相信，在党的指引下，在以习近平同志为核心的党中央坚强领导下，中国必将经受住各种严峻考验，创造无愧于历史、无愧于时代、无愧于人民的宏伟业绩，如期实现“两个一百年”奋斗目标，不断从胜利走向新的胜利！

双重转型与农村经济改革

改革开放以来，中国经济出现了持续快速增长的"中国奇迹"，但中国现阶段仍处于转型与发展的非均衡状态，从 1979 年开始，中国经济进入了双重转型阶段。在双重转型中，产权改革和简政放权是最重要的改革，必须把产权问题放在改革的首位。在体制转型中，产权改革是突破口，是主线；在发展转型中，产权界定和产权清晰是动力源泉。而非均衡包括两类，其中第二类经济非均衡的特征是市场既不完善又缺乏真正的市场主体，第一类经济非均衡的特征只是市场还不完善，因此，产权界定、产权清晰、培育真正的市场主体是从第二类经济非均衡过渡到第一类经济非均衡的关键所在。简政放权在一定程度上可以推动双重转型,而双重转型亦亟待简政放权的进一步深化和拓展。

一、高度集中的计划经济体制的形成

新中国成立初期,中国经济发展处于较低级的阶段,1952年人均国民收入只有104元。在中华人民共和国成立之后到改革开放之前,中国的人均GDP大约只有美国的5%。这种低收入水平抑制了资本的积累,1952年中国的人均资本存量只有美国的1.77%、英国的3.07%、法国的4.18%。在1952—1978年间,中国的人均资本存量也只有美国的2.06%、英国的3.69%、法国的3.49%、日本的10.39%。除了人均资本存量较低之外,公共基础设施资本存量也非常低,按1953年不变价计算,只有202亿元,只有2008年的0.5%左右(金戈,2012)。因此,当时中国的总量的禀赋结构供给水平非常低。

重工业作为资本密集型产业所具有的基本特征,与中国当时的经济状况相矛盾,使得重工业优先发展无法借助于市场机制得以实现——对于外生的生产结构冲击,市场自身会向竞争性均衡回调。解决这一困难的办法就是做出适当的体制安排,人为地压低重工业发展的成本,也即压低资本、外汇、能源、原材料、农产品和劳动的价格,降低重工业资本形成的门槛。于是,适应重工业优先增长的发展战略,一套以全面扭曲产品和要素价格为内容的高度集中的宏观政策环境就形成了。相应的体制安排是对经济资源实行集中的计划配置和管理的办法,并实行工商业的国有化和农业的集体化直至人民公社化,以及一系列剥夺企业自主权的微观经营机制。这样由特定的禀赋结构和发展战略的选择而诱发的三位一体的高度集中的传统经济体制便形成了,这种传统计划经济体制有如下两大支柱:一是政企不分、产权界限不清晰的国有企业体制;二是城乡分割、限制城乡生产要素流动的城乡二元体制。这两大支柱支撑着整个计划经济体制的运转。换言之,限制城乡生产要素的流动,意味着把广大农民束缚在土地上,禁锢在居住地,只有这样,计划经济体制才能巩固,才能运转。图 2-1 概括了整个逻辑链条。

1. 扭曲的宏观政策环境

实行赶超战略的难题是怎样动员资源来支持没有自生能力的重工业的发展,而赶超战略是以发展没有自生能力的产业为目标的。由于赶超战略规模过于庞大,政府采用以财政方式给予直接补贴的支持办法,需要对产生经济剩余的部门课以很高的公开税。而当时经济剩余主要来自于农业,经济剩余量少且分散,政府在农村地区的收税能力低,要课以很高的公开税难以行得通。因此,非常需要一套不同于市场调节机制的宏观政策环境,使资源的配置有利于重工业的发展。具体而言,就是要人为地降低发展重工业的门槛,同时提高资源动员能力,包括为重工业发展提供廉价的劳动力、资金、原材料以及进口的设备和技术。这种与重工业优先增长战略目标相适应的宏观政策取向,其核心是全面排斥市场机制的作用,扭曲了生产要素和产品的相对价格。这种政策环境包括以下四个方面:

第一,低利率政策。由于重工业资本密集度高,而且建设周期也较长,如果让资本价格在市场上自发形成的话,就会导致重工业建设所需要的资金因为利率很高而无法实现。因此,要保证重工业以较低的建设资金成本迅速增长首要的条件是降低资本价格,维持一个稳定的低利率价格。事实上也是如此,新中国成立以后,从开始遏制通货膨胀,到 1950 年上半年,利率开始不断地下调并保持了很长时间的低利率,如图 2-2 所示。

第二,低汇率政策。由于重工业的物质基础是资本密集型的技术设备。在经济发展的初级阶段,这些先进的技术设备的大部分都需要从国外进口,即需要为此支付外汇。而在资本缺乏和可供出口

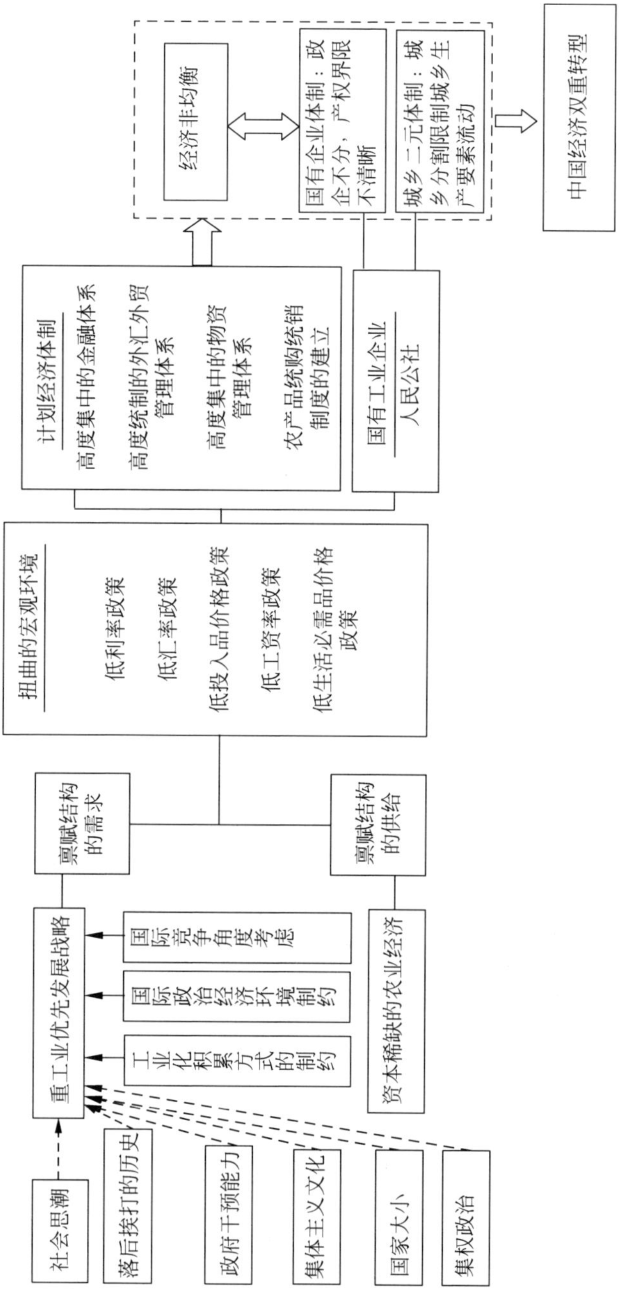

图 2-1 计划经济体制的两大支柱的形成

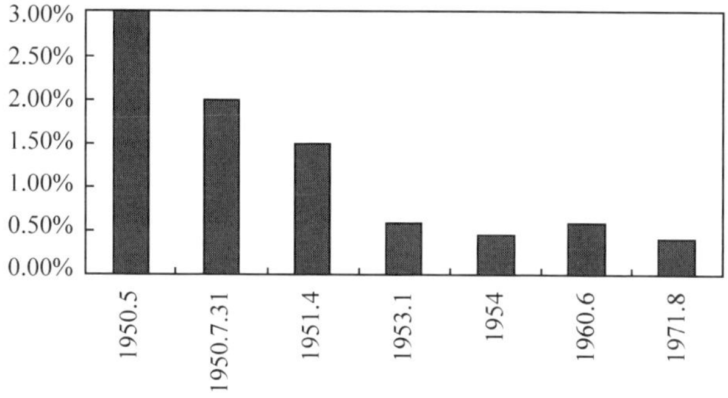

图 2-2 低利率走向政策图

数据来源:郑先炳:《利率导论》,中国金融出版社 1991 年版,第 115—120 页。

的产品并不丰富的条件下,外汇和资本同样稀缺,这样由市场调节形成的汇率水平将会高得使资本密集的重工业部门难以承受。因此,为了保证重工业设备能够以较低的价格进口必要的关键设备,政府需要出面干预外汇价格的形成。高估本国币值,实行低汇率政策,成为重工业优先增长目标能够实现的一项重要保障措施。如图 2-3 所示,汇率抑制从 1950 年就开始了,1950 年 3 月至 1951 年 5 月,连续 15 次压低人民币与美元的汇率,至 1972 年中国的汇率稳定在很低的水平上。

第三,低工资和能源、原材料低价政策。新中国成立初期,传统经济部门所占比重很大,传统经济生产的剩余亦极为有限,整个社会的积累水平很低。因此,发展重工业所要求的高积累率难以通过直接的剩余转移实现,而很大程度上需要依靠自身的积累。由于所能实现的积累率取决于利润率的高低,而利润水平又取决于总产出值与总投入成本之差。一方面,从 50 年代开始,一直到 1978 年,实行统一的工资制度,大多数年份的平均工资都在 600 元以下。如图 2-4 所示。低货币工资压低了工业发展的劳动成本,成为重工业优先发展战略的必要政策环境。因此压低劳动投入成本成为了重工业实现高积累的一个重要途径。另一方面,由于当时技术发展水

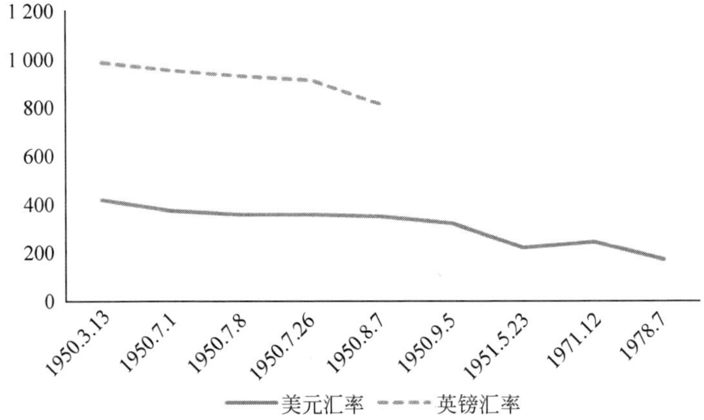

图 2-3　统一汇率前后的汇率调整

注：这里将人民币按 1 万元旧币等于 1 元新币折合。

资料来源：国家外汇管理局：《汇价手册》，中国金融出版社 1986 年版；马洪、孙尚清：《现代中国经济大事典》，中国财政经济出版社 1993 年版，第 960 页。

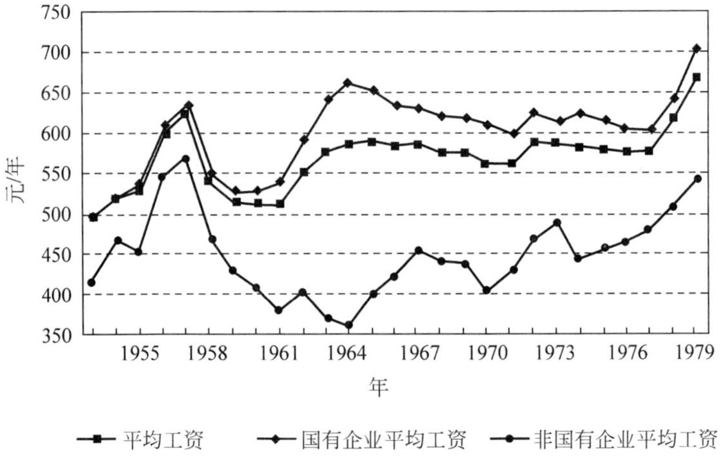

图 2-4　中国改革前的工资水平

资料来源：林毅夫、蔡昉和李周：《中国的奇迹：发展战略与经济改革（增订版）》，格致出版社、上海三联书店和上海人民出版社 2014 年版，第 31 页。

平的限制，发展重工业所需要的能源、原材料严重匮乏，存量不足，探明量少，在这样的情况下，压低能源、原材料成本成为了重工业实现高积累的另一个重要途径。

第四，低农产品和其他生活必需品及服务价格政策。低工资率必然降低了城镇工薪阶层购买生活必需品的支付能力。如果让他们面对自由市场决定的生活必需品价格体系，较低的工资水平可能不足以购买其生活所必需的消费品和服务。为了解决这一问题，就需要实行农产品和其他生活必需品、服务的低价政策，降低劳动力再生产的费用，使之与低劳动报酬相适应。而且，为重工业优先发展战略服务的物价政策，扭曲农产品等生活必需品的物价水平，并使得这种扭曲制度化和长期化。如图 2-5 所示，通过 1952—1978 年间的数据可以看出这种扭曲不断加深。这种价格指数反映了宏观政策环境所造成的扭曲。

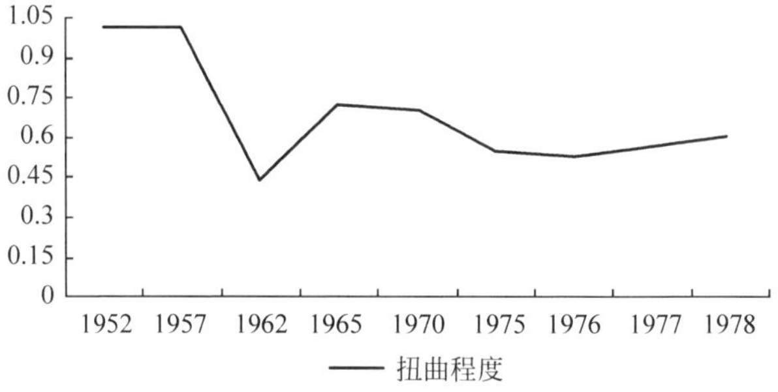

图 2-5　改革前消费品价格指数比较

注：扭曲程度为全国消费品价格指数与集市贸易消费品价格指数之比。

资料来源：《中国统计年鉴（1992）》。

2. 脱离实际的资源计划配置制度

一种产品或生产要素的价格被人为固定在低于均衡价格的水平时，就会使得产品需求和供给需求数量偏离均衡，并产生供不应求的缺口，使得供给与需求之间的缺口成为持续的现象，抑或说短缺将成为经济中的常态。正是由于这种机制，扭曲产品和要素相对价格的政策环境造成了资金、外汇、原材料、农副产品以及各种生活必需品的供给与需求严重不平衡。为了替代市场的作用,在这种常态的短缺经济中配置资源,也为了保证紧缺的物质、资源能够配置到政府所要优先发展的产业,这就需要建立一套与这种政策环境相适应的资源计划配置制度。在中国,一系列计划配置资源的管理机构在20世纪50年代中期先后建立。随着这些机构的逐步建立、确定和完善,一个脱离实际的、高度集中的资源计划配置制度就形成了:

首先,金融管理体制的形成。在一个竞争性的金融市场中,如果存款利率低于资金的机会成本,通常的结果是降低持币者的储蓄意愿,银行所能吸收的资金就大大少于社会潜在的资金供给。在存在其他融资渠道的情况下,储蓄就会流到银行以外的渠道中。压低利率的政策既然是为了优先发展重工业,而国家控制之外的金融渠道又不能执行重工业优先发展的任务,所以,必须实行金融垄断。面对众多的资金需求者,把有限的资金配置到符合国家发展战略目标的企业和部门,就需要一套有效且集中的资金配置制度(如表2-1所示)。通过高度集中的金融体系和单一的物资渠道,把有限的资金优先安排到重工业项目。其次,外汇外贸管理体制的形成。如果外汇价格被扭曲到低于均衡水平时,将会意味着出口品的生产者的产品用外汇衡量的价格低于国内货币衡量的价格,出口是不划算的,这样将会导致无人愿意出口,这样外汇就会枯竭。对进口者而言,低汇率则意味着使用进口品比使用本国产品便宜,各行各业都倾向于尽可能多地从国外进口其投入品。为解决这个矛盾,就需要国家出台一系列的制度安排来进行出口业务。因而,国家对外贸的垄断和一套高度统制的外贸管理体制便是十分必要的。其实国家对外贸的管制早在1950年就已经开始了,如表2-1所示。通过一系列的配套措施和机构的建立,使得与低汇率政策相配套的外贸外汇管理体系从此形成。再次,物资管理体制的形成。在短缺成为常态

表 2-1　资源的计划配置制度的制度安排、机构和目的

资源的计划配置制度	制度安排	机构	目的
金融管理体制的形成	1949—1952 年，实现金融体系和银行业的基本国有化。 1953 年，建立了信贷计划管理机构。	中国人民银行总揽全部金融业务（现金、结算和信贷）。	通过高度集中的金融体系和单一的物资渠道，把有限的资金优先安排到重工业项目。
外贸外汇管理体制的形成	1950 年，颁布《关于全国贸易统一实施办法的决定》。 1958 年，规定对外贸易由外贸部门独家经营，汇率由中国人民银行统一制定，外汇由中国人民银行、对外贸易部和财政部实施集中管理。	中央贸易部统一管理对外贸易业务。	建立与低汇率相配套的外汇管理体系。
物资管理体制的形成	1953 年，开始在全国范围内对重要物资实行统一分配的制度。 1953—1957 年，国家计委直接分配物资种类增多。	国家计划委员会对重要物资实行统一分配。	实现了国家对经济建设所需物资的直接配置。
农产品统购统销制度的建立	1953 年 11 月，决定对油料和粮食实行计划收购和计划供应。 1954 年 9 月，实行粮食计划收购的命令。 1955 年 8 月，颁布《农村粮食统购统销暂行办法》，规定了具体的定产、定购和定销办法。 1958 年国务院颁布农产品和其他商品分级管理办法，进一步对农副产品的统购统销和分派政策进一步制度化和规范化。	供销社和国营商业部门实行统购派购制度，收购农副产品。	确保在农产品低价统购派购的条件下，农民能够把资源投入到国家工业化所需要的农产品生产中，并且能够使国家以行政命令直接控制农业的生产。

资料来源：根据林毅夫、蔡昉和李周：《中国的奇迹：发展战略与经济改革（增订版）》，格致出版社、上海三联书店和上海人民出版社 2014 年版，第 34—36 页。

的条件下,完全竞争的市场可以通过价格将市场出清,但是在价格被人为压低的情况下,需求被人为刺激起来,而供给的积极性反而被抑制,造成供需的不均衡。在供需不均衡成为常态的情况下,要保证物资首先满足优先发展重工业的需要,就要求建立高度集中、按计划运行的物资管理体制。通过一系列措施和制度安排来实现国家对经济建设所需物资的直接配置(如表 2-1 所示)。最后,农产品统购统销制度的建立。为了优先发展重工业所实行的农产品低价收购政策既压抑了农民生产的积极性,又降低其向国家出售农产品的积极性。为了获得足够的粮食、棉花和油料等产品,保证城市居民的生活消费和加工企业的原材料供应,就要对主要农副产品实行贸易垄断,也即统购派购的制度。为了确保在低价统购派购的条件下农民仍然能把资源投入到国家工业化所需要的农产品生产中,就要求作出一种强制性的制度安排,使得国家能够以行政力量直接控制农业的生产。建立表 2-1 中一系列的政策和机构来保证实施之。

3. 缺乏自主权的微观经营机制

在扭曲的宏观政策与脱离实际的资源配置制度的作用下,个体的自主权被剥夺,导致形成的是缺乏自主权的微观经营机制。以企业国有化和人民公社化为特征的微观经营机制主要表现在如下两个方面:

其一,工业企业国有化的形成。在完全竞争市场上,以利润为动机的私人企业,总是倾向于把资源投向能够产生最大收益的生产部门。这样如果企业被私人所有和经营,将会保持着对利润分配的使用权和投资方向的选择权,企业积累方向未必符合重工业优先发展的期望。而为了取得剩余的支配权、把握积累方向,使之用于符合国家意图的发展目标上,就必须最大限度地把私人企业改造成国有制企业,使国有企业占据工业所有制结构中的绝对优势地位,并在此基础上建立统一的指令性生产计划体制和统收统支的财务体制。其中,国家通过对国营企业下达一系列的指令性指标,实行直接计划管理。鉴于工业企业归国家所有的条件下,会导致国家的目标跟企业经理人的目标不一致。在这种条件下,如果企业拥有生产和经营的自主权,国有企业剩余就会被侵蚀的现象无法避免。为了防止这种情形,国有企业的自主权就被全面剥夺了。因此,生产资料由国家计划供应,产品由国家包销和调拨,财务上则统收统支。其他一切企业用工、利润、折旧基金、新产品试制费以及工资皆由国家计划安排。这样就形成了政企不分、产权界限不清晰的国有企业体制。

其二,农业经营人民公社化的形成。根据过渡时期总路线和总任务,土地改革以后真正符合中国农村国情的生产组织形式是以家庭经营为基础的,于农忙季节临时组成的三到五户的生产互助合作。但随着以重工业优先发展为特点的经济发展战略的推行,以及扭曲价格的宏观政策环境的形成,继统购统销制度形成后,为了便于执行低价收购并在低价下增加农产品收购数量的政策,农业集体化的速度便骤然加快。随着 1958 年经济建设“大跃进”的提出,基本建设规模的急剧扩张,积累与消费的比例失调加剧,粮食征购量相对于产量增加量不断失衡,这种情况不啻是一次将重工业优先发展的政策扭曲加以放大的试验,对相应的微观经营管理体制的需求也更强烈,因而导致人民公社的迅速发展,出现城乡分割、限制城乡生产要素流动的城乡二元体制。

二、农村经济改革的突破

“不管黑猫还是白猫,抓住耗子就是好猫。摸着石头过河。”作为 1979 年从计划经济向市场经济改革的领导人邓小平的重要理论。中国改革初始并没有蓝图,遵循的是修修补补、渐进式的办法。其实,中国初始的改革可以追溯至 20 世纪 60 年代初期,彼时的改革是针对中国传统经济体制缺乏效率问题而进行的,其一直陷于行政性放权、分权以及与此相联系的行政性机构增减的循环往复之中,然而,无论是行政性分权还是调整权限,改变的仅仅是各个地方和产业在资源配置中的地位,从未触及传统的发展战略和扭曲的宏观政策环境、资源计划配置制度和毫无自主权的微观经营机制这一传统经济体制三位一体的基本格局。始于 1978 年末的经济改革,实际上是对传统经济体制所进行的“伤筋动骨”的改革,其本质上是中国政府寻求新的社会主义实现方式的探索。这种改革是全方位的由表及里、越来越有力的改革,使得指导性计划替代指令性计划、市场机制替代计划机制逐步成为现实。

对于为何要进行新的经济体制的改革,其主要源于中国长期所推行的重工业优先发展的战略没有实现预期的“赶超目标”,与周边国家和地区,尤其是成为令世人瞩目的东亚“四小龙”相比,其差距反而越来越大,这种强烈的反差形成中国必须改革的巨大压力。而另一方面,由三位一体所导致的微观经营单位(国有企业和人民公社)经济效益低下、劳动者没有生产积极性的严峻局面不断恶化,新任领导人想借助于改革来加速经济增长与发展,使得人民生活水平提高得快一些,进而使自己在全国人民中提高威信。这也是中国进行改革的重要动力。此外,由于赶超战略内生出的宏观政策环境、资源计划配置制度和毫无自主权的微观经营机制的弊端,随着时间推移暴露得越来越充分,特别是长达几十年人民生活水平改善甚微,使得扬弃传统经济体制的机会成本愈来愈低。这对于中国决心重构新的经济体制也产生了重要推动力。

中国的改革为何由微观经营机制入手?可能是因为在三位一体的传统经济体制下,扭曲的宏观政策环境和高度集中的资源计划配置制度皆为传统经济体制中的深层次问题,是无法判断它们的负面影响的。而在现实中最容易察觉的便是企业和人民公社的生产经营缺乏效率与生产者缺乏积极性之间的相关性,为此,1978 年末开始的改革是从微观经营机制入手的，其为通过建立劳动激励机制，诱发出劳动者的生产经营的积极性，达到提高生产效率的目的。主要做法为，在农村，全面推行家庭联产承包责任制；在城市，以放权让利为中心，对经营机制进行了一系列与简政放权有关的综合和专项改革。

首先，在农村，从20世纪50年代推行合作化运动到70年代末推行家庭联产承包责任制，中国农业在生产队体制下维系了20多年。在这一体制下，劳动者缺乏积极性，影响了劳动者的劳动激励。为了解决农业劳动激励不足的问题，从20世纪70年代末开始，家庭联产承包责任制在中国农村得到推行。就形式而言，其在发展过程中先后经历了包工到组〔1〕、包产到户〔2〕以及包干到户〔3〕等三种最主要的形式。就过程而言，推行家庭联产承包责任制经历了从完全非法、局部合法到普遍推广的过程。1979年9月〔4〕，1980年底〔5〕以及1980年9月〔6〕，中共中央先后发文支持家庭联产承包

〔1〕 基本做法为，生产队将规定了时间、质量要求和应得报酬的作业量包给作业组，并根据承包者完成任务的好坏给予奖励和惩罚。

〔2〕 基本做法为，把规定了产出要求的土地发包给农民经营，包产部分全部交给生产队，超产部分全部留给承包户与生产队分成。

〔3〕 基本做法为，按人口或按人口和劳动力将土地发包给农民经营；农民按承包合同完成国家税收、统派购或合同订购任务，并向生产队上缴一定数量的提留，用作公积金和公益金等，余下的产品全部归农民所有和支配。

〔4〕 1979年3月，中共中央通过《关于加快农业发展若干问题的决定》明确指出，“除某些副业生产的特殊需要和边远山区、交通不便的单家独户外”，“不要包产到户”。

〔5〕 鉴于“包产到户”在解决农民温饱问题上发挥了积极的作用，政府对其政策规定进一步放宽。

〔6〕 1980年9月，中共中央发布《关于进一步加快和完善农业生产责任制的几个问题》，进一步指出，“在那些边远山区和贫困落后的地区”，“要求包产到户的，应该包产到户，应该支持群众的要求，可以包产到户，也可以包干到户”。

责任制政策的推行，1984 年以提出巩固和完善包产到户的办法和措施，将 4%最好的生产队纳入该轨道为标志，完成了农村微观基础变革的任务。家庭联产承包责任制能够成为该时期农业增长的主要贡献者的主要原因，在于其通过“交够国家的，留足集体的，剩下都是自己的”这样一种追加产出全归自己的产品分配方式，诱发出农民追求更多收入的生产积极性，进而将中国农业劳动力丰富的比较优势发挥出来。而且对家庭联产承包责任制进一步进行完善，建立和健全了农业双层经营体制。与此同时，农村基层经济组织逐渐得以重建。在人民公社的体制下，农村基层组织的设立，与其说是社区群众选择的结果，不如说是制度性安排的产物。其本质上是一种强制性的制度安排，自然不能包含所谓的“退出”机制。20 世纪 80 年代初随着家庭联产承包责任制在全国的普及，农民迅速而彻底地抛弃了人民公社这种组织形式。与这个被扬弃的过程几乎同时，农民开始寻求别的合作组织（农村基层经济组织）。这种合作组织可以解决激励问题，作为一种资源的联合生产方式，生产出比这些资源分别使用之和更大的产出，因而得到农民的认可。

可以说国有企业改革是与农村改革同时起步的，迄今为止经历了三个阶段：其一，以权利换效率这个中心展开的，主要时间为 1979—1984 年，这一阶段的改革主要手段是向企业“放权让利”，也即给予企业对新增收益的部分所有权，激励企业经营者和生产者为获得更多的收益或收入而努力提高劳动积极性和资源利用效率，达到社会财富和劳动者收入双增的目的。从 1978 年 10 月开始，进行了一系列的试点和推广（见表 2-2），各地对扩大经营自主权试验颁布了一系列的措施[1]，其中利润留成确实产生了调动企业和职工生产积极性的作用。该阶段的改革实际成果表明，这些以企业和职

---

[1] 以增加工资、发放奖金、实行利润留成等手段；以下放财政和物资分配等权力为手段。

表 2-2　国有企业改革的阶段、时期、中心及政策

阶段	时期	改革的中心	改革的政策	改革的目的
第一阶段	1979—1984 年	以权力换效率	1. 1978 年 10 月,四川省率先在 6 个企业中进行企业扩权的试点工作。 2. 1979 年 5 月,国家经委、财政部等 6 个部委选择北京、天津和上海三个直辖市的 8 个企业进行扩权试点。 3. 1980 年秋,中央政府将试点企业的某些做法引入 6 000 多个企业。 4. 1980 年初,山东省率先将利润留成改为利润包干。	刺激职工和企业家的生产经营积极性,增强企业活力,达到社会财富和劳动者收入双增的目的。
第二阶段	1984—1986 年	增强企业活力	1. 1990 年,政府纳入到指令性计划管理的产品减少至 58 种。 2. 1985 年 9 月,国家体改委进一步明确,企业可以根据市场需要发展多种产品,进行多种经营。 3. 1983 年 6 月 1 日,开始实施利改税方案。 4. 1984 年 9 月,开始实施第二步利改税方案。 5. 1988 年,国家对国有企业实行"税利分流、税后还贷、税后承包"的改革试点。	激励企业发挥比较优势,使国家作为社会管理者和国有资产所有者的双重身份都得到体现。
第三阶段	1987 年以来	重建企业经营机制	1. 1991 年,实施国有企业承包制。 2. 1992 年,积极推行国有企业股份制改革。	转换经营机制,将国有企业推向市场。

资料来源:作者根据相关文献整理所得。

工为对象的物质刺激措施，在激励劳动者生产积极性和增强企业活力等方面收到了一定的效果，但也因现实中存在着“放权让利”的边界不清，要素和产品价格双轨制等一系列可供寻租的漏洞，出现了企业为扩大自销而压低计划指标、不完成调拨计划以及企业间正向发放奖金等行为。其二，围绕着增强企业活力这个中心展开的，其主要时间为 1984—1986 年，这一阶段的主要改革措施为简政放权，改革税制和实行厂长（经理）负责制。由于此阶段内非国有企业得不到计划内的低价资源，其只有在市场竞争中取胜以求生存，这样使得非国有企业具有较高的经营效率，越来越多的稀缺资源就流向非国有企业。非国有企业竞争稀缺资源的内在要求，迫使国有企业进行旨在增强企业活力的改革。这一阶段国有企业所进行的利改贷、拨改贷、企业承包和股份制改革都是基于这种竞争压力而衍生出来的。为了提高国有企业的经营活力，进行了如下两项改革：首先是政府逐步减少国有企业经营中指令性计划的相对份额。其次还颁布了一系列关于扩大企业自主权的行政性法规，不断地扩权。同时为了更好地理顺政府与市场之间的关系，从 20 世纪 80 年代中期开始，中国还进行了两步“利改税”的改革：第一步利改税解决了原先把税收和利润混在一起的问题，第二步利改税方案，即实行单一的征税制度。其三，围绕重建企业经营机制这个中心展开的，其始于 1987 年，这一阶段的主要改革措施为实行各种形式的经营责任制，包括大中型企业的承包制，小企业的租赁制和股份制的试点。在 1991 年之前，最主要的手段是承包制。进入 1992 年以后，随着将国有企业缺乏活力的症结归结为产权不清，将股份制作为消除产权不清晰问题最有效的方式，并将股份制作为一种新的时尚进行推行。由于在现实中只有最富有效率的企业才有可能被批准发行股票，其股票才能被股民认购，因而才有可能推行股份制，从表面来看，股份制还是有效果的。目前存在的主要问题是缺乏竞争性的产品、要素市场和经理人员就业市场，尤其是不放权企业经理人员缺乏积极性,放权又容易出现经营权侵犯所有权。所以,股份制改革的推行不能消除国有企业中经营权侵犯所有权的行为,而且会因产权更加模糊而诱发出越来越多侵犯产权的行为。

总体而言,国有企业的改革,主要是生产非公共品的国有企业的改革,是围绕着实现资产经营的竞争性、资产形式的流动性和资产所有者对资产经营者约束和监督三大任务进行的。其遵循着"调整国家和企业的利益关系"、"赋予企业更大的经营自主权"、"构造适应市场经济体制的企业制度"这样一条线索进行展开的。同中国经济改革的目标模式随着改革的深化不断升华一样,企业改革的目标也是随着改革的深化逐步升华的,由最初解决国有企业经营效率低下到转换经营机制,再到将国有企业推向市场进行市场化。这一系列的进程使得国有企业参与市场化的程度、自身优化资源配置的意识和能力都在渐趋提高。

通过前述分析,我们发现中国的经济体制改革是从农村家庭联产承包责任制的推行开始的。农村家庭承包制调动了农民的生产积极性,并为乡镇企业的兴起和农业劳动力外出务工创造了条件,在当时,为推动中国经济体制改革起到了不可低估的作用。但实行农村家庭联产承包责任制只是否定了城乡二元体制的一种极端的组织形式(人民公社制度),而没有改变城乡二元体制继续存在的事实,城乡依旧隔绝,两种户籍制度仍然并存。而从 1984 年党的十二届三中全会以后,改革的重心从农村转向城市,国有企业的体制改革成为全社会关注的热点。这显然是非常重要的改革部署,但相对而言,农村的改革却被忽视了。并没有一个事先设计好的所谓"一揽子改革方案",也并未追随华盛顿共识所倡导的"宏观制度先行"方法,而是通过"微观先行"的方式提高农民和国有企业工人的激励。出台的措施和改革强度也主要是针对经济运行中出现的主要问题和社会承受能力确定的,其具有典型的"摸着石头过河"的逻辑和特征。改革的基本线索主要为从改进微观经营机制的放权让利入手,提高对企业和劳动者的激励,促进新增资源创造;借助于资源配置制度改革使这部分资源配置于在传统经济体制下受到压抑的部门,达到加速经济增长和产业结构调整的初步目标(见图2-1)。但是三位一体的传统经济体制改革的不配套造成了以“活—乱”循环为特征的一系列问题,并构成进一步改革的难点。使得中国产权改革并未完全进行,农村的产权改革,特别是土地确权的工作并未开展。

三、农村土地确权:农村改革的进一步深化

近年来随着城市化、工业化的快速发展,农村劳动力向城市大规模流动,客观上要求农村土地资源的重新配置,使其从农业生产率相对较低的农民转移到生产率相对较高的农民,以提高农地资源的利用效率(Jin and Deininger,2009)。同时,我国长期实行以家庭为生产单位的家庭联产承包责任制,也造成农村土地的分割零碎,亟需通过土地流转和集中,来缓解目前土地经营规模相对狭小的困境,实现农业专业化和适度规模经营。而土地流转高效顺畅的前提是土地的产权或使用权得以清晰界定并受到有效保护。然而过去20多年间,农村土地的产权残缺和不稳定导致土地流转存在较高的交易成本,是中国农地制度安排的一个显著特征。一方面,尽管中央一直试图加强农民的土地承包经营权,但是农民的承包地并未完成普遍的、其空间属性和物权属性有明确法律表达的使用权界定。另一方面,虽然国家政策所规定的土地承包期限长达几十年,但现实中农民的土地承包关系并不稳定。在许多地区,土地经常因为家庭人口变动、迁移和土地征用而发生增减调整。这种产权边界的不清晰和不稳定使得土地流转存在着不可预见的风险,从而限制了土地流转的规模和范围,降低了土地资源的配置效率。此外,随着土地流转的不断增加,客观上也要求对农民的土地使用权进行确权,以免在土地流转过程中农民的利益受到侵害(周其仁,2013)。

事实上,自从1980年代初家庭联产承包责任制实施以来,中央一直希望尽可能地稳定土地承包关系,以促进农民对土地的长期投资。为此,1984年中央提出了“土地承包经营权15年不变”,以及“大稳定、小调整”政策;[1]1993年又在一包的基础上提出二轮承包“土地承包期限30年不变”,并提倡有条件的地方实行“增人不增地”、“减人不减地”。这些稳定地权的要求后来上升为法律规定,分别被写进了1998年的《土地管理法》和2002年的《农村土地承包法》,后者还要求村集体向农民发放土地承包合同和承包经营权证书。2008年中共十七届三中全会更提出,“现有土地承包关系要保持稳定并长久不变”。这一提法在之后每年的中央一号文件被多次强调。

然而,现行土地管理体制下土地流转仍然受到农民承包权边界模糊和不稳定的影响。一方面,虽然稳定地权已写入了法律,但尚未形成对土地承包经营权的设立、变更、转让和灭失等进行登记管理的产权制度。加上现有土地承包关系是在一包基础上延包形成的,承包期内频繁调整土地,不可避免地造成地块不实和面积不准等问题。尤其是早期由于承包地要缴纳税费,土地价值较低,导致农民对土地流转中的土地权属不够重视;而随着土地经济价值的上升,由此带来的土地纠纷日益增多,交易成本不断上升。另一方面,由于土地归集体所有,每个集体成员在理论上都应平等拥有集体土地,因此当家庭人口变动或政府对集体土地征用时,经常会发生承包地的重新调整。有调查表明,自分田到户至今,63.7%的村在二包时进行过土地调整,34.6%的村在二包之后还进行了土地调整,主要是因为人口变化(64.5%)和征地(10.6%)(叶剑平等,2010)。如果不对土地进行确权,不仅租出方担心土地租出后难以收回,更重要的是

[1] 所谓的“小调整”,是指村集体根据农民家庭人口变动进行调整,即“增人增地、减人减地”;相对应的“大调整”,是指村集体将全部地块收回,然后重新在现有村民之间进行分配(许庆和章元,2005)。

租入方也担心土地调整使其长期投资丧失,从而限制了土地流转。

为了进一步保障农民的土地承包经营权,促进土地流转,早在 2009 年农业部就选择了包括山东、重庆、四川等在内的 8 个省(直辖市)的部分乡镇,进行小规模的前期探索。其中表现较为突出的是四川省成都市,提出农地产权改革要实现“还权赋能”,[1]确权工作取得了显著进展并积累了较多经验。在此基础上,2011 年初以农业部发布《意见》一文为标志,正式揭开了全国范围内土地确权登记试点的序幕。此次确权的任务包括三个部分。一是在实测基础上厘清承包地的四至,以确保物权标的准确无误,即“确实权”;二是建立注册登记管理制度,对土地承包经营权的设立、变更、转让和灭失等进行法律备案,从而为土地流转中可能的产权纠纷提供法律依据;三是为农民对其承包地的土地经营权颁证,提供正式法律表达。《意见》还要求各地区根据实际,科学选择试点范围,在 1—3 个“代表性强”的县(市、区)先行试验,再逐步推广。[2]

总之,从 1978 年农村实行家庭联产承包责任制开始,中国的经济改革和简政放权已经走过了 40 年的历程。从这场方兴未艾的改革和简政放权所产生的增长效应及其改革的稳定性而言,中国所推行的破除高度集中的计划经济体制和推行渐进式的改革以及简政放权迄今为止是成功的实践。但是伴随经济双重转型,农村的土地确权摆在重要的位置,其需要进一步深化和拓展。

---

[1] “还权”之“权”,指的是“财产权利”即产权;“赋能”之“能”,则是指财产权利的“权能”。还权赋能最早于四川省成都市城乡统筹改革中提出,后来这一提法被很多地区甚至中央在农村土地改革动员中所采用(周其仁,2013)。

[2] 但有趣的是,对于什么是“代表性”,各地区的理解有很大差异。从实地考察结果上来看,有些地区选择了人多地少,矛盾较大的乡镇,便于为后期的全面确权总结经验;有些地方却选择了人地矛盾不突出的乡镇,便于早期开展工作。也有很多地区选择了不同类型的乡镇进行试点。

新型城镇化：走符合中国国情的城镇化道路

一、传统城市化与符合中国国情的城镇化

传统城市化是先进行工业化的发达市场国家的城市化模式。当时，城市化与工业化基本上是同步的，缺乏统筹安排，也没有科学的城市规模概念，经济和社会的可持续发展并未被城市领导层所考虑。等到发现居民的生活质量下降等问题时，已为时过晚，要改变城市现状已经不易。后起的工业化国家，即使认识到城市化的弊病，想避免，但需要大笔公共投资，往往力所不及。结

果,无论在先工业化和先城市化的国家还是在后起的工业化国家中,都发生了所谓的“城市病”,即农村人口大量涌入城市,城市中出现了棚户区或贫民窟,环境恶化,过分拥挤,失业激增,社会治安欠佳,以致出现了“反城市化”倾向,即穷人继续涌入城市,富人纷纷迁离城市,搬到郊区甚至乡村居住。

在某些发达的市场经济国家,城市化率高达90%以上。在经过二百多年的工业化和城市化之后,城市化率至今已经没有重要意义,也很少再被人们关注。这是因为:

第一,如果某个国家至今仍旧存在城乡居民权利不平等和身份限制,那么城市化率可以反映社会等级的存在。但在现阶段,在本国公民权利平等和身份限制已消失的条件下,城市化率就没有什么意义了。

第二,如果某个国家至今仍旧存在公共服务因城乡而异,或存在城乡社会保障的非一体化,那么城市化率可以反映社会保障一体化方面尚存在的城乡差距。但这样的例子已经不多。

第三,由于国内交通运输条件的日益完善,再加上通信手段的方便,以及运输成本、信息成本的降低,土地价格的地区差距的存在,所以城市化率高不一定反映工业企业必定趋向于集中,而很可能分散于城区以外的农村。

传统城市化模式是不适合中国国情的。根据中国国家统计局的资料,迄今为止中国的城镇化率接近60%。但据研究中国城镇化的专家的意见,中国目前的城镇化率还不到50%,理由是,中国至今仍存在城乡分割的二元户籍制度,城镇中一些农民工虽然在城镇中已是常住人口,但农民户籍未变,身份仍是“农民”,不能同城市居民享受同等待遇。所以城镇化率对于现阶段的中国仍有意义,这反映了城乡一体化程度的不足。

从另一角度看,如果中国要达到西方发达国家的城市化率,即90%以上的人口集中于城市,那么城市居住条件必定恶化,居民生活质量必定下降。即使城市会因人口的增加而新增不少服务业就业岗位,但就业机会依然满足不了涌入城市的农民们的要求。

因此,中国必须走适合中国国情的城镇化道路,即中国城镇化分三部分:老城区+新城区+农村新社区。

以下,让我们按这三个组成部分分别予以论述。

二、老城区的改造

老城区是指已有的城区,它们有的在工业化以前就存在很久了。工业化开始后,在这里建设了一些工业企业,老城区规模不断扩大,居民日益增多,街道狭窄,人口拥挤。随着工业企业的建立,商业和服务业也发展较快。

老城区的发展方向是改造。由于工业企业已经造成了环境污染,所以一定要设法把这些工业企业迁出老城区。近些年在老城区推行的"退二进三"的做法是正确的。"退二进三"是指,第二产业迁离老城区,第三产业进入老城区,使老城区成为商业中心、服务业中心和居民区。老城区有不少过去的建筑物,需要根据具体情况,加以维护、修整,保留下来,作为文化遗址。某些街道也应当完整地保存,显现当年的风貌。

老城区改造和环境治理过程中,应当关注棚户区的拆迁问题。这些棚户区是工业化前期建立的,房屋质量差,棚户区的居民生活质量差,而且居民多数是贫困的、教育程度低的。他们之中,有些是退休的工人和下岗的工人,甚至是无业的。由于无业人员多,所以社会治安状况不佳,犯罪率偏高。

拆迁棚户区在某些城市老城区改造过程中已经积累了经验,这就是把新城区建设、招商引资、老城区改造三者结合在一起,重新规划。根据某些城市的做法,大体上是这样的:

先在新城区的一块空地上盖成一批标准的、建筑质量合格的居民楼，让棚户区的住户迁过去，把周边的公共设施建设好，如公共交通、孩子上学、环境卫生等问题一并得到解决，让迁入的居民生活安定。

再通过招商引资，或者在新城区建立工业企业，或者在老城区内原棚户区的地址上建立商业、服务业企业，以安置棚户区的失业人员。

如果失业人员愿意自谋职业，也可以扶植他们自行创业，如从事个体工商户或创办小微企业。此外，他们还可以在新城区的居民区内从事家政服务、保洁、保安等工作。

棚户区内还居住了一些从农村来的务工人员，可以在拆迁棚户区的同时，让这些常住于城市并有稳定职业的人员（包括开店的、有执照的摊贩等）转入城市户口。由于这些人迟早要成为城市居民，不如乘拆迁之机把户籍问题一并解决了。

三、新城区

新城区一般在城市郊区，它们可能是由工业园区、高新技术开发区、创业园区、物流园区等演变而来的。这里工厂林立，基础设施完善，有发展空间。

新城区不仅有企业，而且也有常住的居民。这些常住的居民，或者是原来的农村居民，或者是镇上有农村户籍的个体工商户等。在一些镇并入老城区的同时，也有一些镇并入新城区。由于有了常住的居民，再加上有新建的工业企业的职工，所以新建的城区除了工业园区以外，还会有商业区、服务区和居民区。

对新城区来说，最重要的是工业企业进园区。这对工业企业有四个好处。一是，这里的基础设施完善，交通运输便利，可以减少成本。二是，污染源集中，便于监管，便于治理。三是，许多工业企业都设置在工业园区内，便于信息交流，也便于工业企业获得新的商机。四是,政府的服务到位,通过工业园区管理委员会,工业企业可以及时得到政府的服务、帮助。

新城区往往是新兴产业的立足地。新兴产业的增长速度很快,这是对城市经济增长率和财政收入的巨大支持。

新城区,无论是在原来的空旷地带建立起来的,还是以镇为依托发展起来的,一般来说,历史所留下的包袱都比老城区要少一些。这正是新城区的优势所在。同时,新城区的就业机会要比老城区多。新城区也完全有可能成为各类技术工人、专业服务人员的职业技术培育基地,成为向新城区自身和老城区,甚至其他城市的老城区和新城区输送各类技术工人、专业服务人员的源泉。

四、农村新社区

现在各地都在兴建社会主义新农村。在不少地区,社会主义新农村是在原有的自然村基础上通过旧房改造而成的,也有的是在原有的自然村附近的空旷地带建成的,原有的旧房在居民搬迁后被拆掉,土地经过整理,重新变为耕地。无论以哪一种方式建成的社会主义新农村,都是农村新社区的起点。

农村新社区的进一步建设,一般有五个内容:

第一,农村新社区要实现园林化,成为绿树成荫、花草茂密的适合居民居住的居民区,而不能只以盖好几幢高楼为目标。

第二,农村新社区要成为环境清洁的居民区,实现污染防治、垃圾回收和利用、符合低碳节能要求的居民区。

第三,农村新社区一定要实现公共服务到位,建设卫生院、幼儿园、小学、养老院、公共交通、自来水、通信、文化室、安全保卫等相应设施,使得农村新社区内的公共服务与城区的公共服务基本上相同。

第四,在社会保障方面,农村新社区应当及早实现城乡一体化,不存在农民与城区居民的身份限制。

第五，在社会管理方面，农村新社区应实行民主管理制度，社区管理机构的负责人由社区居民选举产生，社区居民也可以罢免不称职的负责人。

在实现上述各项要求之后，村级自治就改为社区自治，农村新社区成为基层单位，也就纳入城镇化。城市居民和农民之间的权利平等了，身份限制不再存在了。

农村新社区居民的就业状况，是多样化的，因地而异。在调查过程中，我发现各地有不同的做法。

例如，在某些地方，由龙头企业牵头，把农民组织起来，农民把土地入股到龙头企业。龙头企业在这些土地上按土壤的性质，有的种果树，有的种粮食，有的种葡萄，有的种饲料。在建设用地上，盖起了各种工厂，在草地办起了牛羊饲养场，此外还办了养猪场、养鸡场等等。农民愿出外打工的，听他们自愿。不愿外出的，把农民分配到工厂当工人，或到果园、粮田、养殖场工作。这样，每个农民每年按股分红，每月还有工资可得。龙头企业还建起了宿舍区，按社区模式管理，分配居民居住。公共服务设施也由龙头企业兴建。这又称“公司+社区+农户”模式。我们在山东烟台市就见到这种模式。

又如，在某些地方，由农民专业合作社牵头，把农民组织起来。农民专业合作社有的专门生产茶叶，有的专门生产西瓜，还有的专门生产柑橘等等。同时，也由农民专业合作社牵头，把农民组织起来，或改造旧民居，或在附近的空旷地带新建居民区，使农民迁入居住。农民专业合作社负责组织生产，而改造后的旧民居或新建的居民区，则由住户选举的村委会或社区居委会管理。这是一种“农民专业合作社+社区+农民”的模式。在这种模式下，农民专业合作社与龙头企业之间订立合同，由龙头企业提供技术，提供生产资料（如种子、化肥、灌溉机械），并统一收购产品，经营销售。我们在重庆市的江津、长寿、梁平等地见到过这种模式。

再如,在某些地方,在市县政府或乡镇政府的主持下,在把农民组织起来建设社会主义新农村的过程中,给农民一定的建房补助,动员农民自建新房,或改造旧房,政府再投资建设公共设施,并在这里实行社区式的管理。农民则转向专业化的生产,如每家都有蔬菜大棚、草莓大棚,精耕细作,产量高,收入增多。生产由各户自己负责,社区则组织专业的运输队,帮助农民把产品运往农贸市场去销售,或者,社区把这一带改造为旅游点,农民办农家乐,或妇女制作手工艺品,吸引游客前来选购,也包括购买新鲜水果、蔬菜、土特产等。这又是一种模式,可以把它称为"社区指导下的农民自营模式"。我们在贵州毕节市见到过这种模式。

还有另一种模式。这就是在某些地方,在市县政府或乡镇政府的主持下,在把农民组织起来建设社会主义新农村的过程中,帮助农民集体创业,如全体或大部分农村劳动力从事工业、建筑业、物流业的工作。生产由农民组织的公司和民选的公司董事会负责经营管理,生活则由社区统筹安排,社区管委会负责人同样是由民选产生的。可以把它称为"社区指导下的农民集体经营模式"。我们在天津市滨海新区见到过这种模式。

农村新社区的模式肯定不限于上述几种。各地正在根据本身的情况,继续探索。这也是很自然的。应当把不同模式的涌现和不同模式的并存,看成是适合中国国情的城镇化过程中的正常现象,而且是一种可喜的现象,因为这种现象的出现正是调动了民间蕴藏已久的积极性的结果。

五、农民和城市居民无身份差别和权利平等

根据以上的论述,我们已经说明适合中国的城镇化由三个部分构成,即老城区+新城区+农村新社区。

有些专家同意这三部分构成中国城镇化的设想,但他们有一个

疑问,这就是:老城区和新城区可以纳入城镇化的范围,但农村新社区纳入城镇化范围,似乎有些不妥。他们说:如果把农村新社区纳入城镇化的范围,岂不是自相矛盾?难道农村与城镇可以合而为一吗?这个疑问不是没有道理的。

我的解释如下:

中国的城镇化是一个相当长的过程。在城镇化推进过程中,开始时,甚至较长时间内,城乡分割的二元户籍制还不能立即取消,城乡居民的身份差别和权利不平等还会继续存在,在这个阶段,从中国实际情况出发,老城区和新城区都有常住的农村人口,农村新社区更不必说了,农民成为新社区居民中的绝大多数,甚至是全部。根据前面的分析,使用"农村新社区"一词是适合实际情况的。

进入老城区和新城区的居民,随着经济的发展和经济体制改革的深化,这些常住于新老城区的农民,迟早会转变为有城市户口的居民。这是总的趋势,谁也无法改变。至于在农村新社区居住和工作的农民,随着新社区经济的发展和公共服务设施的完善,特别是随着城乡社会保障一体化的进展,新社区中的农民迟早也会转为城市户口。

说得更确切些,在中国城镇化过程中,城乡二元户籍制度一定会走向全国户籍一元化。城区和农村不再有居民身份的差别,也不再有城乡居民权利的不平等。到了那时,可以把"农村新社区"改称为"新社区",前面不必加上"农村"二字。

从这个意义上说,中国的城镇化实际上恰恰体现了双重转型的特征。中国的双重转型是指:这种转型既是"发展转型",又是"体制转型"。"发展转型"意味着由农业社会过渡到工业社会。"体制转型"意味着由计划经济体制过渡到市场经济体制。自 1978 年改革开放以来,这两种转型在中国是重叠的。所以中国的城镇化完成之日,正是上述双重转型成功之时。破除城乡二元户籍制度可能是双重转型中具有关键意义的一段。中国城镇化唯有走适合国情的道路,才能实现城乡居民无身份差距和权利平等的目标。

政府职能转变与简政放权：缘起、反思和未来趋势

一、缘起：激发市场活力的必然选择

本章以十八大召开为分界线，分历史背景和当前背景阐释此次国务院力推简政放权的缘起：先简述改革开放以后、十八大召开以前简政放权的历史，然后分析十八大召开以后国务院推行简政放权的原因，即当前背景。十八大召开以后，简政放权被提到前所未有的高度，实施有力，推进有序。但“简政放权”的概念并非本届政府创新，本轮简政放权过程中出现的“中梗阻”等部分问题，在 80 年代的简政放权尝试中亦曾出现。改

革开放以来,国务院及国务院办公厅下发的文件共134次提及简政放权,十八大召开以前共提及24次[1];《人民日报》共213次论及简政放权,十八大召开以前共论及56次[2](图4-1)。

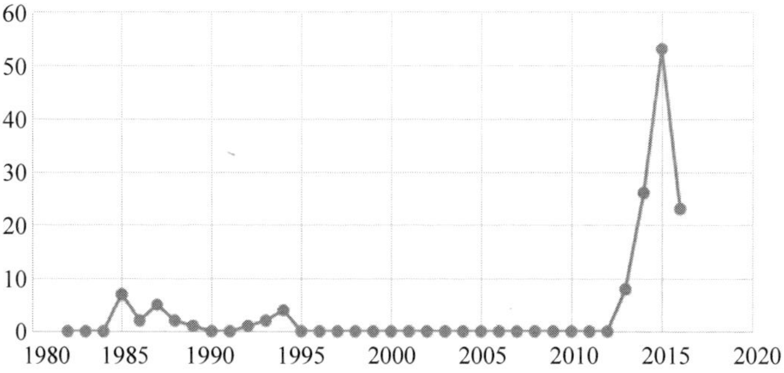

图4-1　国务院提及"简政放权"文件数量

(一) 简政放权的尝试阶段

改革开放前二十年中,"简政放权"的提法主要见于1985年前后和1993年前后。以1985年为例,其时简政放权目的在于"搞活企业和流通"、"搞活科研"、"搞活轻工业",本质意义是破除计划经济体制留下的沉疴和桎梏,推动经济发展,解决的根本矛盾是政府作为控股者与企业的抵牾。

1985年5月国家经济体制改革委员会印发的《城市经济体制改革试点工作座谈会纪要》指出要通过简政放权把企业的巨大潜力发掘出来,授予国有企业"生产计划权"、"产品购销权"等诸多权力。《人民日报》发文宣传要培养科研和企业的联合体、要促进政企分开。广州涉外单位设立联合办公机构(1985),山东莱芜把大批机关干部下放到乡镇或充实到机关服务实体(1986,但山东莱芜陷

[1] 数据来源:中华人民共和国中央人民政府 http://www.gov.cn/。

[2] 数据来源:人民日报图文数据库。

入了从放权到收权的死循环,后文会详细论述)。

当时学术界提出,要通过简政放权缓解当时的价格不合理问题(过庚吉,1984)、搞活"老集体"企业(沈金华,1984)、理顺公司与工厂的关系(永安等,1984),落实简政放权要解决"中梗阻"(黄文麟,1986)。这一轮简政放权未能明显拉动经济增长,1985 到 1990 年 GDP 增速反而在不断下降(见图 4-2)。因经济增长受国内诸多政策、国际诸多因素影响,数据并不说明这一轮简政放权没有作用和意义,它一定程度上挑战并改变了计划经济时代人们的经济发展思维逻辑,同时铺垫了更大力度的国企改革。

图 4-2　1980—2014 年 GDP 增速和 CPI 增速[1]

无论是中央还是地方,政界还是学界,官方还是舆论,都对此次简政放权予以充分的关注、实施和反思。此次简政放权举措应予以充分借鉴。从更宽泛的意义上讲,改革开放以来简政放权从未停步。从全面管制的计划经济逐步转变为市场经济的过程中,各种以减少管制、放开权力为本质的政策一直在推行,推行过程伴随着既得利益者对权力的贪恋,和社会对放权后可能出现的问题的争论和担忧。虽然山东莱芜等失败的尝试仅是向不稳定状态的短暂跃迁,

[1] 数据来源:中国经济网。

但随后的国企改革、加入WTO等一系列措施成功将中国经济提升到了新的稳态。

（二）为何十八大召开以后重提简政放权

十二届全国人大批准通过的《国务院机构改革和职能转变方案》指出要减少和下放投资审批事项，减少和下放生产经营活动审批事项，减少资质资格许可和认定等。国发[2013]19号文决定取消和下放一批行政审批项目等共计117事项，自此至今，国务院共颁布110项“简政放权”相关文件。

为什么要把简政放权提升到前所未有的高度？本文认为有以下四个原因。

1. 简政放权是全面深化改革战略的重要抓手

十八届三中全会要求紧紧围绕使市场在资源配置中起决定性作用深化经济体制改革，改革便要革除沉疴痼疾。简政放权包含了中央向地方放权、政府向市场放权，包含了精简繁杂的审批、提高经济运转的速度，是改革向更广维度、更深层次、更高水平深化的重要方式。以国企改革为例，很多国有企业和集体企业已经在90年代进行了私有化，而相当数量未完全私有化的国企目前正在进行股份制改革，下一步更要放开水电行业的国有资本垄断，在更高水平上市场化。改革过程中国企的放权水平不断向前推进，控制权、管理权由各级国资委下放至管理层或市场，从机制上一步步解决“委托代理人问题”，不断充盈国企的活力。

2. 简政放权与反腐倡廉互为助力保障

新一届政府有力推进反腐，老虎苍蝇一起打。一方面，简政放权的攻坚点在于不肯放权的既得利益部门，反腐大浪可力推放权之舟；另一方面，权力的下放和机构的精简，可缩小权力的寻租空间，让反腐成果更加稳定持久。

3. 简政放权是激发市场活力的绝佳引线

简政放权的核心是要充分激发中国经济的无限活力。2007 年以来，中国经历了股灾和全球金融危机，老龄化程度上升，人口红利和改革红利逐渐消弭；十八大以后，反腐斗争成效卓越，腐败作为“经济的润滑剂”被有力打压，经济缺乏动力，市场缺乏活力，但反腐力度不能减弱，如何配合反腐，提振经济？此时简政放权就成了激发市场活力的绝佳引线：以简政放权加快项目审批和落地，以简政放权为新商业模式创造发展空间，以简政放权促进产学研结合——通过简政放权理顺了政府和市场的关系，减少了权力对市场的不当干预，则能点燃经济增长的新型助推器。

(1) 简政放权有利于中小微企业的发展

市场主体中，纷繁的审批和管制卡住的主要是中小微企业。经济实力薄弱，拥有好点子但急缺资金的小微型企业难以打通上层关系，往往在项目审批和融资阶段交付巨大的交易成本。另一方面，中国的传统经济正处于转型期，资源配置效率亟待提高，而中小微企业能吸纳大量闲置资金，加快科研成果转化，创新商业模式，创造新市场需求。简政放权有助于促进中小微企业发展，为经济增长再添动力。

(2) 减少管制有利于从多个方面提高经济效益

简政放权就要减少政府对市场的管制。根据经典的西方经济学理论，政府只应在市场失灵的领域发挥作用，市场本身在满足几个简单的条件下就会达到最优效率(但也许会损害公平)。管制会从多个方面直接阻碍经济发展，降低全要素生产率。理清了管制过多的低经济效益，就可明晰简政放权的高经济效益。

第一，国家垄断和行业管制阻碍成本更低、技术更新、效率更高的企业进入市场。从经济学角度，管制为行业垄断企业排除了潜在进入者的威胁，从而导致更低的行业效率、更高行业利润，和更多社会福利净损失。放开管制有助于增强市场在经济运行中的作用，减少社会福利的净损失。以手机打车软件为例，专车服务便利出行，提升闲置私家车的使用率，提高资源配置效率。传统的出租车行业未完全市场化，存在准入管制和价格管制。相反，专车模式让市场起决定性作用，其车价根据市场规律调节：在需求旺盛的上下班高峰、供给短缺的临近午夜时间段，或供需同时出现严重波动的暴雨等特殊天气情况下，专车价格显著上升，使市场供给增加，市场需求减少。专车商业模式的征税和监管困难，是需要重视并解决的问题。

第二，管制降低投资落地效率和企业运行效率。很多部门办理审批业务由 3 个以上科室承担，最多的涉及 10 多个科室，审批效率极低。企业与市场管制部门接触最多，低审批效率直接导致企业的低投资落地效率和低运转效率。同时，企业和公众对政府的评价大部分来源于与基层政府的接触，简政放权有利于塑造我们党和政府高效办事的形象。

4. 简政放权是提高政府公信力的有利途径

独占性、扩张性和排他性是权力的天性，缺乏限制的自由裁量权必然不断膨胀，将手伸向一切可以寻租的角落，加强审批、予以管制。但权责不分家，揽权必然揽责。权力过分膨胀，将不该揽的责任也一并收入部门，必然在公众心中逐渐构建起一个理念：政府什么都在管，所以什么事情都是政府的责任——公众缺少理性思考和自我反思，出了事儿立即归咎于政府，是揽权导致政府公信力下降的直接体现。

相反，简化办事程序、将权力下放至市场，可提升公众满意度。公信力是政党执政地位的重要基石，公信力来源于舆论，而舆论的核心恰恰是公众的满意度。

二、反思："放管服"的问题及建议

本节分三个阶段分析简政放权的演变，并通过演变过程反思问题并提出建议。2013 至 2015 年 5 月国务院改革工作会议前，为着手推动简政放权,摸着石头过河的阶段;2015 至 2016 年两次改革工作会议之间为“放管结合”阶段;2016 年 5 月至今为“放管服结合”阶段。

(一)着手推动:含金量低,推动不力

2013 年至 2014 年,国务院各部委取消和下放行政审批项目,清理非行政许可审批项目,取消评比达标表彰评估项目,成立国务院推进职能转变领导小组,取消执业资格许可和认定事项。例如国家税务总局取消简并涉税文书报表,国家能源局将可再生能源的风电和光伏项目由“核准制”改为“备案制”,科技部下放科学技术奖设立审批等。

简政放权实施过程中出现了各种问题。总结起来有以下方面。

第一,放出来的权力含金量低,很多取消的审批项目细枝末节,甚至根本不常见,寻租空间大的权力鲜见下放。2014 年 7 月,总书记在党外人士座谈会上指出,要加紧深化投资体制改革,增大简政放权含金量。真正让老百姓拍手叫好的放权应该是根本利益层次上的,具有很高含金量的权力。

第二,放权力度从中央到地方逐渐减弱。经过 2013 年、2014 年的简政放权,国务院供给取消和下放了相当数量的审批事项。部分省份简政放权指标完成度低,进度慢。部分市级政府取消和下放行政审批事项的工作陷于停顿,“减不了”、“减不动”成为难以突破的瓶颈,出现“上有政策下有对策”的审批项目打包现象——一个审批项目中又包含很多子项目,总审批项目数量减少了,复杂的审批程序依旧。

第三,不同审批部门权限下放不同步。很多项目需经多部门审批,一个部门的审批权限下放后,前置审批部门或相关联部门没有同时下放相应审批权限,项目业主仍需赴上级相关部门办理所需手续,其中很多审批手续相对复杂,导致简政放权的综合成效不能完

全体现。

第四，上级部门放下来下级部门接不住。譬如市级部门下放到区里的某些审批权，按规定必须由具有专业资质的持证人员经办，但区室局没有此类人才，最后不得不绕回到市里。

基于以上问题，国务院逐步提出了“放管服”的指导方针。

（二）放管结合：放以能管，管以敢放

2015年5月12日，国务院召开全国推进简政放权放管结合职能转变改革工作电视电话会议，将简政放权丰富为“简政放权放管结合职能转变”，其本质是加入了“放管结合”的指导思想。会议总结了两年以来简政放权的成果：国务院部门共取消或下放行政审批事项537项，投资核准事项中央层面减少76%，境外投资项目核准除特殊情况外全部取消。工商登记实行“先照后证”，前置审批事项85%改为后置审批；注册资本由实缴改为认缴，企业年检改为年报公示。资质资格许可认定和评比达标表彰事项大幅减少。中央层面取消、停征、减免420项行政事业性收费和政府性基金，每年减轻企业和个人负担近千亿元。部分省份行政审批事项取消和下放比例超过一半，部分省级非行政许可已全面取消。

本文认为，国务院在简政放权的基础上增加“放管结合”，是为加大简政放权的改革力度，防止出现“一放就乱”的问题。放与管相反相成：简了政放了权，才能腾出手来管理；管好了假货假商和违规项目，才能在放开市场的同时保障好公众权益。重点在于哪些该放、哪些该管，如何放、如何管。本文认为，一方面应适当减少“鼓励光伏产业发展”等直接性产业支持政策，避免用力过猛而导致产能过剩；另一方面应减少政策性市场准入管制，欢迎企业创新经营模式，同时尽快为不断出现的新商业模式制定相应的民商法细则和税收制度。仍以专车市场为例，放权即取消出租车特许经营权符合市场化趋势，但出租车涉及运营商、司机、乘客等多方利益，完全放开

管制会提高恶性事件发生概率,如何设计一套机制(包括充实法律条款和行业细则)以保障乘车人和司机的利益,并促使运营商对乘客司机加强监督和保护,是专车市场放管结合的难点。机制的设计权同样可以下放——广泛征求小汽车乘车服务的需求者和供应者,包括目前在职出租车司机的意见。

针对搞好放管结合,学界建议政府部门制定权力清单和责任清单,这一点已被国务院采纳并予以实施,并于 2015 年 12 月 28 日开始在国家发展改革委、民政部、司法部、文化部、海关总署、税务总局、证监会试点执行。另应建立负面清单,将强负外部性的生产或投资项目列入其中。政府对强负外部性生产投资一直在进行强有力的监管,但负面清单的建立也并非多余。各种清单的建立是政府权责规范化制度化的体现。简政放权、职能转变的成果要沉淀下来,必须依靠制度。成文的清单降低了政府机关的自由裁量权,能一定程度上解决部门对市场规则肆意插手、向企业主随意伸手的问题。

(三)优化服务:服务两创,激发活力

2016 年 5 月 9 日,国务院召开全国推进简政放权放管结合优化服务改革电视电话会议。相较于 2015 年简政放权电视电话会议,2016 年突出强调了"优化服务"。会议总结前阶段主要成果为审批、核准事项继续减少,工商登记实现"三证合一,一照一码",中央政府定价项目减少 80%,推动了这些项目的市场机制完善。给企业减负,加大减税和普遍性降费力度,出台了一系列税收优惠政策,砍掉了大部分行政审批中介服务事项,取消、停征、减免一大批行政事业性收费和政府性基金。

优化服务是简政放权激发市场活力的一个着力点,国务院提出大众创业万众创新,是在寻求新的经济增长点,而简政放权就是要为两创创造良好的服务环境,所以我们要强调优化服务。本文认为,优化服务应注意以下几点。

第一，不仅要为创业者提供良好的服务环境，更要注重大企业创新能力的培养。两创的落脚点在于“创新”和“创业”，应注意避免在创业扶持上投入过多人力和财政资金，而忽视了对于创新的扶持。全国各市大量建设创业产业园、青年创业园、产业孵化基地、产学研结合平台等一系列为创业服务的园区或机构，是为创业服务、培育新企业和新经济拉动力的有力措施。初创企业或初创平台是重要的创新主体，但事实上初创企业集中于低成本创新，因而难以具有强大竞争力或发展潜力，初创产学研结合平台常常巧妇难为无米之炊。如某青创园的大学生创业项目——自然光照射即会显影的明信片、某大学的自行车共享计划、许多大学生编写的各式手机应用软件，甚至是风靡朋友圈的经典创业项目“微商”，因经费和专业人员欠缺，往往科技创新含量很低，故而成长性也不高，更别谈成为商业巨头。反面例子如广东省某市建立的产学研结合孵化园区内，市与某大学合办的纳米材料产学研结合平台，在取得省科技厅7 000万元的经费后，仅是将高校纳米材料专利转移到平台而几乎未进行任何生产，美其名曰“将创新成果产业化”。鼓励创业和产学研结合平台的发展可以为经济培育新的增长动力，但过多的此类项目容易产生泡沫，同时将传统产业的资金吸收过去。高科技含量的产品才能具有国际竞争力，领先世界的创新才是世界经济的主要推动力，缺乏创新的大企业（如百度等）只能依靠国际贸易壁垒或行业准入壁垒存活而饱受诟病。产业结构升级意味着政策应着力于已有产业的升级，而非创造新的产业。在优化服务的过程中，政府对孵化器、产学研结合平台的财政资金投入应适可而止，务要更加注重对大企业科技研发的鼓励支持。

第二，要注意到不同行业对优化服务的不同诉求。调查显示[1]，不同行业对简政放权满意度不同，譬如住宿和餐饮业企业对

[1]　来源：中央政府门户网站。

“取消下放行政审批事项改革”的评价,不满意率为 9.2%,大大高于所有行业的平均值 5.9%。批发和零售业对“清理收费改革”的不满意率最高,为 15.6%,而其他行业中不满意率最低为 5.0%。

三、未来趋势:从旧稳态到新稳态

根据对简政放权历史的考察,其未来可能出现以下三种趋势:

第一,政府职能充分转变,政府角色更优定位,形成政府更具公信力、企业更具动力、百姓更具获得感、经济更具活力的稳态。

第二,放下了含金量低的权,一定程度上给经济带来了活力,但未能脱离旧稳态,经济在原有轨道上继续运行。

第三,陷入一放就乱,一收就死,收了又放的死循环。

为此,我们应该避免陷入第三种趋势,努力脱离第二种趋势,全力争取第一种趋势。

1. 如何避免陷入收放循环的困境

为了进行说明,特列举山东莱芜的简政放权尝试。1986 年,为了克服条块分割的矛盾(条是指自中央部委往下同系统内部门的指挥体制,块是指以地方行政当局统管某一地区所有行政部门的体制),山东省莱芜市作为全国第一个县级市进行了简政放权的改革,在两年间逐步将工商所、卫生院、粮管所、信用社、交管所、派出所等站所的人财物全部下放至乡镇。市直业务部门对下放单位放权不放责。乡镇财政超收分成,超支不补,余额留用。乡镇自办大量企业。各种简政放权措施成效显著,大大刺激了乡镇经济活力,后得到民政部部长和山东省省长的表扬,要求在全国推行。《人民日报》刊文介绍莱芜经验。

1990 年前后,新一届中央领导人为稳定大局,暂停全国各地的改革,莱芜市很多具有创收能力的关键站所被省市收回。有的站所未经正式文件,只经领导讲话就被收回。因乡镇财政乏力,没有工资补充专业技术人员,专业性站所的人员专业化程度大大降低。

结合莱芜经验及当前实际情况,本文提出以下政策建议:

(1) 提高基层公务员的素质和专业能力

山东莱芜的简政放权中,因缺少专业人员,下放至乡镇后,工商所、交管所等需要一定专业素养的站所工作陷于停滞。本轮简政放权的地方经验也反映出地方公务员队伍的专业承载能力问题。所以为保证简政放权改革措施的有力推进,务必充分重视基层公务员专业能力问题。以下从人才数量、人才自身需求、部门单位设限三个方面讨论提升基层公务员平均专业水平的可行性。

① 社会专业人才总量正快速增加,务要避免人力资源错配

以往基层政府部门缺乏专业人才,一个要因是社会专业人才总体供不应求,接受过高等教育的人数有限,基层单位不得不在招聘上取消专业限制。近年来二本以上院校数量激增,社会专业人才供给不成问题。所以重点在于避免人力资源错配,鼓励更多人报考非热门专业,避免非热门专业岗位人才稀缺、各专业领域人才数量随社会热点呈滞后性波动。如十年前生命科学、基因工程异常火热,而事实证明考生们热情过了头。近年来经济金融专业炙手可热,让人隐隐担忧这种现象最终导致,数年后优化资源配置的行业人才济济,真正实施资源配置的行业人才短缺。这就需要舆论宣传和教育口部门把握方向,牢控趋势(政府有必要纠正公众对人才市场需求的错误预期,避免因信息不对称产生严重问题)。

② 基层专业单位要尽可能满足专业人才的求职预期

目前来看,普通专业技术人才对公务员职业的评价较高,热衷于报考公务员,但难以接受供职于乡镇单位。提高乡镇公务员待遇,增加乡镇公务员向城市流动的机会,可更大程度地满足专业人才的求职预期。

③ 减少来自专业性基层单位领导的阻力

基层单位领导对基层公务员的选拔拥有很大的自由裁量权,自

由裁量权意味着寻租空间,寻租意味着基层单位领导从个人利益最大化出发,决定人才的录用。人选众多、竞争激烈才能使基层单位领导寻租空间最大化。因此基层专业性单位中专业技术对口的人才稀少,而“关系户”众多,金融部门的公务员不懂金融,农业部门的公务员不懂农业。很多地区的基层公务员招聘中,这种现象已成惯例,成为提升基层公务员专业素养的难题。要破除这种惯例,一方面要加大反腐力度,另一方面是强化制度建设,编织好制度的笼子,指定专业性部门的专业性人才比例,并予以巡视和抽查。

(2) 加强制度建设,防止下放的权力被随意收回

山东莱芜的例子中,未经正式文件和规范程序,很多乡镇站所即被上级部门收回。如果不能从制度上加以限制,上级部门收回下级部门的权力,或政府收回市场的权力,必然随意、随时发生。要从以下几个方面完善制度建设:第一,有力推进权力清单制定,明确规定各级政府、各个部门的权力。第二,制定上级部门从下级部门收回权力、政府从市场收回权力的规范程序,让更多利益团体代表参与其中。

(3) 慎放慎管,优化服务

简政放权过程中,莱芜市政府未考量乡镇政府工作人员的专业水平,便下放了诸多站所;乡镇政府和市政府财税管理没有充分理顺、乡镇财政没有保障、乡镇地区缺乏商业人才和商业契机的背景下,市政府就鼓励各乡镇大办企业,导致很多企业生产困难,并大量消耗财政资金,影响乡镇政府的其他工作。所以,在判定什么可放、什么该管、放给谁、如何管的问题上,政府应细致考量,从科学客观的角度予以判断。如何保障正确的判断标准,同样是需要从制度上下功夫的问题。

2. 如何克服黏力,脱离旧稳态

一定程度上促进了政府改革,一定程度上为市场留出了空间,但最终未能脱离旧稳态,未能让政府角色职能焕然一新,经济仍然

在原有轨道上运行,是本轮简政放权改革务必要尽力避免的趋势。这样的趋势出现的根本原因是旧稳态的强大黏力。其黏力源于部门机构对已有权力的依恋,这种依恋一方面来源于权力的变现能力,即寻租空间。在中央的反腐浪潮的拍打下,许多官员已经“不敢腐”,但使其“不能腐”的制度建设依然任务艰巨,换言之,大型寻租空间依然存在,只是官员不敢寻租,小权力留下的小型寻租空间众多,且寻租行为难被觉察。另一方面来源于掌控权力、凌驾于他人之上的满足感。这两方面导致几乎无法从根本上让机构自愿放权,抑或自愿放弃权力的膨胀。基于这种理解,本文提出以下建议。

(1) 以学术理性打破权力惯性

一个可行的途径是强有力地推进简政放权,以学术理性打破权力惯性。一些各部门存在争议,但确实能为地区经济带来实际效益的措施,可请专家团队、咨询机构充分论证其合理性和科学性。以这样的方式提出的政策措施,更容易获得各部门各领导的理解和支持,使各种简政放权措施的推行更加科学有力,从而突破旧稳态的黏性。

(2) 强化责任意识,把责任举过头顶

要变事前审批为事中和事后监管,也存在一定的困难和阻力。事前审批能决定项目是否落地,企业是否可以投入生产,因此相较事中和事后监管,事前审批权力更大,而事中和事后监管附带更多的责任。部门机构不愿放弃事前审批的权力而承担事中和事后监管的责任,所以在我们的简政放权推行过程中出现了审批项目打包的情况。要推行事中和事后监管,只能强化责任意识,要求公务员把责任举过头顶,同时用量化指标衡量事前审批项目取消成果,严查打包审批项目的行为。

3. 如何争取政府职能充分转变的新稳态

新稳态本质上是政府服务意识的强化、公众维权意识和信用的加强、政府和市场相对地位趋于合理。具体表现为政府职能充分转变,由控制市场转为服务市场,寻租行为更少,办事效率更高。大企业更具创新能力和国际竞争力,中小微企业办事简单,发展更具活力。

对于新稳态的认识,本文提出以下三点:第一,新稳态是简政放权取得理想成果后的政治经济形态,需要付出巨大的努力才能达到,第二,新稳态是稳定自洽的,不易被拉回原来(政府职能缺乏转变,市场作用不够有力)的状态的;第三,如果不采取强有力的改革措施,旧稳态是具有黏力且非常稳定的。

争取新稳态的过程是系统性的工程,需要多方面协作,多点着力,多层次推进。对此,本文提出以下建议。

(1) 激励地方政府以提高效能为宗旨

要为地方政府服务市场、服务公众提供强烈动机,要使地方政府官员以提高办事能力、提升市场效率为宗旨,就要提升公众评价对官员切身利益的影响力。

一方面可建立简政放权意见平台并长期公开,给予公众以适当的倾诉渠道。部分机构的低办事效率可很快汇成舆论压力,反映到上层政府,促使地方领导对办事机构的效率引起重视。对舆论的畏惧心理是大可不必的,疏才不易堵,只有倾听舆论并加以适当引导,才能满足人民的利益并提升政府工作能力。平台可由上一级纪委监督管理,以免平台因触碰本级部门利益而被关闭。

另一方面,可建立量化的指标体系以考评部门领导任期内政府办事能力、相关经济部门运行效率的变化量,体系内指标包含主观评价项和客观数据项。要将评分结果予以公示。公务员队伍的服务意识可以在各种服务效能评分公示中得到大大加强。

(2) 加快推进社会信用体系建设

信息不对称是市场失灵的重要原因,更是“一放就乱”的主要原因。为什么有的人被要求证明我妈是我妈?因为假冒我的人太多;为什么老人倒地没有人扶?因为碰瓷的太多。诚信的缺失导致假货的生产和欺诈的产生,导致监管权一放给市场就造成混乱。少部分无视规则、唯利是图的投机者,这部分人在经济生活中骗取同时摧毁了整个社会的信任,如果不引起重视,将会把社会从心态上拖入信任危机,这样的情况下,政府对市场的很多监管不敢放开也不能放开。

要促成新稳态,务必将市场参与者的信用水平公开化,从文化、制度和社会主体(章政,2014)的层面构建社会信用体系。信用体系成了形,简政放权才能达到新高度,才能保证中国经济在新的稳态下运行。

目前我国已建立了企业信用信息公示系统,要加强系统的完善和宣传力度,同时完善个人信用信息系统,建立政府机关信用信息系统。

信用评级是社会信用体系不可或缺的部分。要鼓励民办信用评级机构的发展,培养社会认可度高的大型信用评级机构,完善信用评级机构行为准则和监管制度。要设计制度加强市场主体的运转效率与信用评级的相关关系。

要加强诚信教育,要向社会宣传大型利益集团如安然公司等因诚信缺失导致自我颠覆的例子。法律与道德是相互作用的,构建信用体系要与依法治国紧密结合,制定相关法律,惩罚不诚信的行为,更要严惩利用他人的信任骗取利益的行为。

(3) 改善公民意识,探索代表公民和企业权利的机构的独立发展

我国部分公民趋向于发生问题就声讨政府,趋向于认为任何问题最终都是政府的问题,自己的权益一旦受损就认为是政府管理不到位。这种公民意识有失偏颇,并构成政府简政放权的较大阻力。稳态中的政府、市场和公民相互作用相互影响,只有强化了公民主动维权、自我保护的意识,才能争取新稳态。

揽权意味着揽责,政府控制了所有代表公民权利的机构,也意

味着承担了所有的责任。应适当探索公民权利机构独立发展,给予行业协会和工会充分的自由,让这些机构为公众利益和行业利益发声,同时也为公众和企业承担起责任,从而使公民对权责的认识合理化,认识到自己有义务为自己的权益针对违规企业或不合理行为采取维权行动,而不再一味归咎于政府,要求并等待政府出手干预市场、解决问题。

国有企业改革与混合所有制经济

一、支持并鼓励混合所有制经济的建立和发展是中国社会主义经济理论重大创新

长期以来，在社会主义经济理论中存在着简单的两分法，即非公即私、非国有即私有、非国营即民营的划分。这样，就把处于两端之间的中间地带忽视了。经济实际上是多元的。就以两分法所提到的公有制和私有制这两端来说，其实无论是公有领域还是私有领域，都存在着不同类型的公有经济或私有经济，不宜笼统而言。而在公有和私

有之间的中间地带,同样存在不同类型的混合所有制经济。这是客观存在,不容我们忽视。

混合所有制这个名词,在 1997 年召开的中共第十五次全国代表大会时的官方文件就已出现。中共十六届三中全会通过的《中共中央关于完善社会主义市场经济体制若干问题的决定》对混合所有制经济有明确的论述,强调要大力发展国有资本、集体资本和非公有资本等参股的混合所有制经济,实现投资主体的多元化,使股份制成为公有制的主要实现形式。这些论述是以往社会主义经济理论中所没有的。

2013 年中共十八届三中全会的决定,对社会主义经济理论中有关混合所有制经济的地位、性质和作用做出了更加明确的表述,即把发展混合所有制经济作为我国基本经济制度的重要实现形式,既鼓励国有经济走向混合所有制经济,又鼓励非公有经济走向混合所有制经济。具体的做法将体现于改革之中,使国有资本和民间资本都能因参与混合所有制经济的建立和发展而增加活力,提高效率,增加收益,从而切切实实地使中国经济登上新的台阶。

从这个意义上说,中共十八届三中全会有关建立和发展混合所有制经济的决定确实是中国特色社会主义经济理论的重大创新。

二、建立和发展混合所有制经济的理论基础

首先从经济学中有关效率概念的发展谈起。

在经济学中,生产效率一直是人们关注的重点。生产效率指的是投入产出之间的关系。有投入,才有产出。如果投入减少,产出能维持原状,或者,如果产出增加,而投入能维持原状,都表明生产效率提高了。因此,人们关注生产效率的提高或下降,是合理的,生产效率是必须重视的。但自从 20 世纪 30 年代以后,尤其是第二次世界大战结束以后,经济学中出现了第二种效率概念,即资源配置

效率。

资源配置效率是指：如果投入为既定，以A方式配置资源，能有N产出，而以B方式配置资源，则有N+1产出，那就表明资源配置效率提高了；如果以C方式配置资源，有N+2产出，那就说明资源配置效率提高。因此，资源配置效率实际上比生产效率更重要。生产效率主要是从微观经济的角度进行分析。一个企业、一个生产单位无疑需要走技术创新和加强管理之路，以便不断提高生产效率。但从社会的角度、从宏观经济的角度进行分析，资源配置效率的提高无疑更为重要。关键在于：只有从宏观经济的层面把资本盘活，使资源配置得更合理、更有效，资源配置效率才能不断上升。重视生产效率是对的，但如果忽视资源配置效率，物不能尽其用，人不能尽其才，土地不能尽其利，货币不能畅其流，那就谈不上经济运行是有效的。这是因为，资源配置效率低下，实际上是资源的最大闲置与最大浪费。

三、建立和发展混合所有制经济的现实意义

就当前中国经济体制改革和经济发展而言，没有比提高资源配置效率更为迫切的了。

为什么中共十八届三中全会的决定强调市场在资源配置中起决定性作用？这正是为了大幅度减少政府对资源的直接配置，充分发挥市场的调节作用，大大提高市场在资源配置中的作用。因此，政府和市场的界限就显得十分重要。政府做自己该做的事情，而且一定要做好。市场做自己可以做的事情，也应该做好。凡是政府可以做、市场也可以做的事情，只要市场愿意做，就交给市场去做。政府只做市场做不了或做不好的事情，如公共产品（国防、司法、治安、义务教育、社会保障等）的提供、地区收入差距的缩小、个人收入分配的协调、公益性重大工程的建设、稀缺资源的开发和分配、宏观经

济调控等。

政府干预市场对资源的配置，或政府未把自己该做的事情做好，都有损于资源配置效率的提高，这是力求避免的。

1. 有利于消除各方阻力，确定市场调节在资源配置中的决定性作用

需要指出的是，即使市场调节在资源配置中起决定性作用的方针已定，并不等于在实现这一方针时不会遇到较大的阻力。较大的阻力主要来自以下四个方面。

一是消除利益集团的干扰。利益集团已存在多年，具体表现于它们在特定的行业或地区形成了行业垄断或区域垄断，从而获取特殊利益。一旦贯彻市场调节在资源配置中的决定性作用，利益集团的行业垄断或区域垄断行为或迟或早会被打破，所以它们会阻挠市场化改革的推进，即使认识到市场化改革已是大势所趋，不可阻挡，但总希望能拖延多久就拖延多久。

二是消除制度惯性的作用。在经济学中，制度惯性又称“路径依赖”。这是指：一个人或一群人在旧制度下生活久了，在旧道路上走惯了，觉得自己已经适应了，不想改，不愿改，并未感到旧制度和旧生活方式有何不妥，甚至还认为，一切按旧的方式行事，是最安全、最保险的行为。这样，改革遭到的无形阻力就会大大增加。

三是独立市场主体大量存在。市场要想充分发挥在资源配置中的决定性作用，要有大量独立的市场主体，它们产权清晰，自主经营，自负投资的盈亏，能够认真考虑投资的可行性和未来的经济效益，而不受行政部门的指使或受到行政部门的干扰。就中国现阶段的国有企业而论，如果在体制上没有实质性的改革，很难符合和适应市场化的要求。大多数民营企业也与国有企业相似，同样受到行政部门的干扰，有待行政部门审批的环节太多，即使目前已经有所减少，但与目标模式还有一定距离。

四是加强信用体系的建设。市场建设中不能置信用体系于不顾，这是世界上许多已经工业化、市场化的国家的普遍经验。社会必须讲诚信，包括企业、个人、社会团体，也包括政府在内。要打击违法、违信的企业、个人等。社会失去了诚信，市场秩序就乱了，市场预期也就紊乱不堪。西方谚语说："他骗了所有的人，最后他发现，他被所有的人骗了。"那么，怎样建立诚信社会呢？一靠法律法规，二靠道德建设，而道德建设中包括每个人、每个企事业单位的自律。尽管信用体系的建设非一朝一夕之功，但从现在起，全社会应当把信用体系建设和道德建设放在重要的位置上。

2. 有利于盘活资本，将国有资源开发和使用列入规划，纳入中国经济建设中

基于上述分析，转入第二个问题的讨论，即为什么中共十八届三中全会的决定强调建立和发展混合所有制经济的必要性。前文已经谈到提高资源配置效率的重要意义。据保守估计，目前的国有资本存量约有若干万亿人民币，如果把尚未资本化的国有资源（如土地资源、森林资源、矿产资源、水力资源、海洋资源、风力资源、太阳能资源）加以计算，那么国家资源也有若干万亿人民币之多。资本不用，资源闲置，都是损失。资本低效率使用，资源不断浪费、不断流失，同样是损失。由此可见提高国有资本、国有资源的资源配置效率的迫切性与重要性。也就是说，不仅要把国有资本盘活，让国有资本有效地发挥作用，而且要把国有资源的开发和使用列入规划之中，使它们参加中国经济的建设，发挥其应有的作用。

在这里，建立独立的、完善的市场主体起着至关重要的作用，而建立和发展混合所有制经济正是建立独立的、完善的市场主体不可忽略的一步。

四、建立和发展混合所有制经济的途径

十八届三中全会把混合所有制经济作为我国基本经济制度的重要实现形式,这表明对建立和发展混合所有制经济极为重视。建立和发展混合所有制经济的途径很多,但基本上可以归纳为以下四个途径:

1. 鼓励现有的国有企业走向混合所有制

鼓励现有的国有企业走向混合所有制,包括容许非国有资本参股国有企业,使国有企业由国有全资转为多种所有制合营。

2. 鼓励发展非公有资本控股或参股的混合所有制企业

在鼓励发展非公有资本控股或参股的混合所有制企业方面,应采取自愿原则,即民营企业或民间资本是否参股于国有企业,是否愿意同国有资本共建一个混合所有制企业,完全听其自愿,不采取硬性规定,不摊派,不强制。

3. 加强员工持股的规范化

无论是国有企业还是民营企业,如果愿意实行员工持股制,由它们自行决定,政府有政策,对员工持股制的实行有政策可依,但应当规范化,这样才能避免出现后遗症。

4. 界定不同行业的国有企业功能,以及针对不同行业特点提出改革措施

比如说,城市供电、供水、供气、公共交通、垃圾处理、廉租房建设和管理等保障民生为目标的公益性国有企业,国有资本可以控股,但也可以发行一定比例的股票,供民间投资购买。这样,可以促进这类企业在提供公共产品方面发挥更大作用。又如,石油、天然气、电信、电网、铁路、稀有金属开采与分配等具有自然垄断性的行业,仍需国家控股,但这不排除国有企业股权设置的多元化,也不影响规范地实行员工持股制(包括产权激励制)。在这里需要说明的

是:国有资本的实力不在于资本存量本身,而在于国有资本的控制力大小。如果某家国有企业的资本存量是1 000亿元,100%由国家控股,那么国有资本的控制力仅仅是1 000亿元。如果国家以50%的股权就能控股,那么国有资本的控制力将是2 000亿元。如果在股权分散的条件下,国家以25%的股权就可以相对控股,那么国有资本的控制力将增加到4 000亿元。可见,资本的控制力比资本存量更能说明问题。

五、建立和发展混合所有制经济的五大好处

通过以上分析,可以清楚地了解到,建立和发展混合所有制经济至少有下列五个好处:

第一,把国有资本盘活了,通过国有资本的合理、有效配置,资源配置效率将大大提高,有利于经济的持续增长。

第二,建立适合市场调节在资源配置中起决定性作用的机制,减少行政部门对资源配置的干预,切实做到政企分开、政资分开;在完善的法人治理结构充分发挥作用的前提下,经营管理水平将不断提高。

第三,有利于各种所有制取长补短,发挥各种所有制的长处,参与市场竞争,企业的活力将增加。

第四,通过员工持股制的推行,有利于调动员工的积极性,包括实行产权激励制度对高管、高级技术人员的积极性的提高。

第五,市场调节的作用将在不断资产重组的过程中显现出来。资产重组是生产力发展的新起点。混合所有制经济的效率也正是在不断的资产重组过程中涌现出来的。市场调节下的资产重组活动将把每一个企业(包括混合所有制企业)推到前沿,不进即退,不进即停,每一个企业在市场和资产重组的压力下,都将求实创新,增加收益。这样,中国未来的企业界必然是生机勃勃的市场主体的组合。

六、澄清关于混合所有制经济的偏颇认识

关于混合所有制经济,社会上讨论很多,最近笔者在某些省市做了一些调查,发现对混合所有制经济存在或多或少的误解,所以感到有澄清的必要。

1. 投资主体多元化是否等同于混合所有制企业的建成?

有些人认为,到目前为止,许多国有企业已经改制成为股份有限公司或有限责任公司了,股份制改革在这些国有企业中已经实现了,有些国有企业甚至已经成为上市公司。这表明混合所有制经济的建立和发展已经取得了巨大成就,今后基本上沿着现在的路子走下去就可以了。

这种说法是不准确的,甚至是错误的。要知道,建立混合所有制企业,绝不是简单的投资主体多元化问题。一家国有企业要成为名副其实的混合所有制企业,关键在于建立完善的法人治理结构,形成现代企业制度。投资主体多元化只是最初的一步,这一步必须跨出,但这与建立完善法人治理结构并不是一回事,比如,完善的法人治理结构包括股东会、董事会、监事会、总经理聘任制和任期制等制度的依法产生,并依法发挥各自的职能。试问,国有企业改为股份制企业或上市公司后,股东会开过没有?股东会是否按时召开,如何行使权力?董事会是如何产生的,董事长是上级行政管理部门委派的,还是股东会选出来的?监事会是否存在?是否起作用?总经理一职是否是上级行政管理部门委派的?如果这些问题根本没有解决,那就不符合现代企业制度的基本要求。因此,要让国有企业成为现代企业式的混合所有制企业,一定要有完善的法人治理结构,这才是实质所在。怎么能认为照现在的国有企业股份制的路子走下去,就可以建立混合所有制经济呢?

2. 国有资本减持是否等同于国有企业实力的减弱?

还有人说,现在国有经济、国有资本已经退到不能再退的地步

了，再退就要越过底线了。

这种说法也是一种误解、误导。前面已经指出，国有资本的实力不在于国有资本的存量，而在于国有资本的控制力。也就是说，在一些现阶段仍有必要由国有资本控股的行业和企业，在股权相当分散的条件下，国有股减持到相对控股的程度，实际上意味着国有资本的控制力增强了。这并不会影响国家控股经济在经济中的地位。

再说，在一些竞争性的行业和企业中，国家是不是一定要控股是可以讨论的。如果说在这些行业和企业中，国家已经控股了，甚至已经绝对控股了，为什么不能减持国有股呢？减持国有股并不是国有股的消失或流失，而恰恰是国有资本重新组合的一个步骤，国有资本减持后可以被用于其他方面，包括投资到高新科技产业、新兴产业，从而提高国有资本的资源配置效率。

进一步说，在某些因经营不善、管理不善而亏损累累的国家控股企业中，如果不采取国有股减持或让民间资本参股甚至控股，而使这些企业继续亏损下去，直到破产清理，将使国有资本蒙受更大损失。从这个意义上说，采取国有股减持或让民间资本参股甚至控股的做法，是拯救国有资本、使国有资本得以新生的途径，而不能认为是国有资本的消失或流失之路。

最后应当算清楚的是：国有资本的底线在哪里？什么叫作国有企业已无退路了？这是需要澄清的大问题。的确，现有的国有企业和国有资本控股的企业，是多年以来通过国家投资和企业积累，辛辛苦苦创办和发展而形成的。然而处于当前市场激烈竞争的形势下，不融资、筹资，不转亏为盈，不增加新的资本，不改善经营管理，怎样才能使竞争性行业的国有企业、国家控股企业走出困境？人们并不是没有想过办法。但经验表明，通过国有股的减持，吸收民间资本参股，包括欢迎民营企业前来控股，不失为一种可行的做法。因此，竞争性行业的混合所有制经济的发展，不仅不是国有企业的灾难，反而是国有企业、国有控股企业的新生之路。

还有人说，“这又是一场国退民进的活动”，这种看法也是不准确的。“民进”是对的，“国退”却不符合实际。因为我们的视线并不死死盯着某一个竞争性行业中的具体企业，而是以国有经济的资源配置效率提高为着眼点，这样看来，从宏观经济的角度分析，应当是“国进”而不是“国退”，应当是“国进民也进”，而不是“国退民进”。把国有资本的减持看成是“国退”，显然不正确。

3. 国有资本减持、国有企业重组是否等同于国有资产私有化？

在国有企业改制为混合所有制企业的过程中，或国有股减持的过程中，很可能成为不法分子攫取国有资产的机会，结果会形成国有资本的大流失，使国家遭受严重损失。

这种说法并不是没有道理的。有些人以俄罗斯和某些东欧国家在20世纪90年代的改制转型过程中国有资产的私有化为例，认为必须严禁这种廉价出售国有资产或容许某些有权势的国企负责人把国有资产化为个人私有的行为。这的确值得我们警惕。

难道因为俄罗斯和某些东欧国家发生过这些情形，我们就不允许国有资本的减持和国有企业的重组吗？难道因此就不再考虑建立和发展混合所有制经济吗？当然不应如此。从中国的实际出发，我们该如何推进改革，应按中央的决定和部署施行。我们该如何建立和发展混合所有制经济，该如何防范国有资产的流失，如何杜绝私人对国有资产的侵吞，一切必须按法律法规、规章制度执行，这是必须遵循的原则。

规范、有序、公开，这六个字是每一个主管国有资产和国有资本的机构和每一个从事国有资产和国有资本工作的人员务必牢记的。不规范、不公开，不仅以后会发生各种后遗症，而且会导致国有资产和国有资本的流失，包括使国有资产落入私人腰包。有序进行，是指成熟一个，改革一个，切不可一哄而起，表面上轰轰烈烈，但弊端从生，后患无穷。

七、民营企业或民间资本参股、控股混合所有制企业应遵循的原则和努力方向

民营企业或民间资本参股甚至控股混合所有制企业将遇到一些问题，应遵循的原则与努力方向如下：

1. 应遵循的原则

当前，民营企业和民间资本是否愿意参与国有企业的资产重组或改制为混合所有制企业的活动，首先应当遵循自愿原则，不摊派，也不强制。但问题并非仅限于此。在国有企业管理者与民营企业家座谈如何建立混合所有制经济时，不少民营企业家有如下的担心，即认为在国有企业控股的情况下，民营企业一旦参股进去了，很可能等于把钱白白送给了国有企业，受到名为混合所有制企业，实际上仍然是国家控股企业的摆布，重大决策都由国有资本决定。那么，如果民营企业投入的资本数多，成为民营企业控股的企业，会发生什么状况呢？民营企业家仍然很不放心。他们说，国家控股企业本身做不了主，它们受上级行政部门控制，由行政部门说了算，这不是同样置参股甚至控股的民营企业于附庸的地位吗？可见，民营企业家、民间投资者的上述担心不是没有道理的，所以必须遵守自愿原则。

2. 努力方向

怎样解除民营企业、民间资本对于参股甚至控股混合所有制企业的顾虑呢？至少应当从以下三个方向着手：

一是加快国有资本体制的改革。

国有资本体制的改革分两个层次。第一层次是国有资本配置体制的改革，以资源配置效率的升降作为主要考核指标，即国资委不再具体管辖一个个国资企业，而只管国有资本的运作。为此，在

国资委下面设立国有投资基金公司体系,包括按行业划分的若干个国有投资基金公司。无论是行业性的国有投资基金公司还是综合性的国有投资基金公司,都不直接管辖国有企业,包括国有控股企业以及有国有投资的混合所有制企业,而只负责国有投资的增增减减,进进出出。其目标是用活、盘活国有资本,以提高国有资本的资源配置效率。

二是要加快国有企业管理体制的改革。

国有资本体制改革的第二层次应是国有企业管理体制改革。

这里所说的国有企业,既包括因行业特殊而保留的国有独资企业,也包括国有控股企业,还包括有国有投资在内的混合所有制企业。所有这些企业都应当把完善法人治理结构放在首位,即建立股东会、董事会、监事会和总经理聘任制、任期制、责任制的体制,并使它们充分发挥作用。不管民营企业是参股于上述国有企业,还是对上述国有企业进行控股,也不管上述国有控股企业是否已成为民营企业控股企业,一律按法律、法规、规章制度办事,国有投资基金公司只管资本的进出和增减,而不干预企业的运作。这样,在上述企业中,国有资本的投资方和民间资本的投资方一律处于平等的地位,企业在法人治理结构充分发挥作用的前提下,成为自行决策、自主经营的市场主体。

三是国有股减持、退出、转让过程的规范化与公开化。

在混合所有制企业建立过程中,尤其是在国有股减持、退出、转让的过程中,一定要规范化、公开化。对于国有资产的评估,必须经过严格的审计。如果在改制过程中漏掉了必不可少的环节,或模模糊糊,将来会成为隐患。国有企业负责人为什么对于组建混合所有制企业有顾虑,因为他们害怕以后说不清楚,若干年后再翻出来追究,被扣上诸如“侵吞国有资产”、“贱卖国有资产”、“受贿”、“中饱私囊”等罪名,所以往往处于“被动”状态而不热心混合所有制企业的筹划和国有股减持、转让等工作。民营企业家同样如此,他们担心以后会被指责“行贿”、“对国有资产巧取豪夺”，从而“化公为私”、“内外勾结，变国有资产为私有”等罪名一股脑儿加到自己头上。所以必须规范化、公开化、有序化，这样就可以证明自己一切按照法律、法规和规章制度办事，以示清白。

由此看来，上述三个问题的妥善解决在民营企业和民间资本参股甚至控股混合所有制企业的过程中是十分必要的。说得更确切些，这是民营企业和民间企业在建立有国有资本参与的混合所有制企业的过程中不可回避的重大问题。

八、民营企业在混合所有制经济建立和发展过程中将向现代企业转型

中国现阶段的民营企业家，大体上由三部分人构成。

第一，从个体工商户、小业主逐年积累而形成的一批民营企业家。改革开放以后，他们最早在市场中摸爬滚打从而挣得一份家业，并由此扩大生产经营规模，成为民营企业创办人、合伙人。

第二，由乡镇企业改制而兴起的一批农民企业家。其中不少人就是当初的社队企业（后改为乡镇企业）的负责人或骨干。他们有能力，有市场意识，并有创业远见。他们在发展市场方面是有贡献的。因为当时他们所在企业的产品需要自找市场，自谋销路，他们带着样品和订单，走遍城乡。在他们的共同努力下，一个处于计划经济体制之外的乡镇企业市场终于形成了，大一统的计划经济体制终于被打破了。以后，随着乡镇企业的转型、改制，乡镇企业的产权明细化并落实到个人，这些当初的乡镇企业的负责人和主要骨干也就转化为民营企业家。

第三，所谓“九二派”，也就是在邓小平 1992 年南方讲话以后，从体制内转到体制外，自行创业，逐渐发展壮大，而陆续成为企业界人士的这部分人。当然，“九二派”是一个笼统的说法，实际上 20 世

纪 80 年代就已经有不少从体制内转到体制外的先行者了。他们之中有不少人曾经在政府机构和国有企业中担任过干部,有高等学校学历,又有实际部门工作的经验,并且熟悉体制内经济和管理的操作。特别是,由于他们对国外的经济状况了解较多,对世界科技进步的趋势有较深刻的认识,所以他们无论在科技界、工商界、金融界还是在新兴产业方面都有较大的潜力,于是他们一旦由体制内转到体制外,很快就在民营企业界占据优势,创办的民营企业也占上风。他们在素质上的优势是小业主出身的民营企业家和乡镇企业负责人出身的企业家远远不及的。

以上三类不同背景、不同经历的民营企业家中,第一类民营企业家不易摆脱小业主意识,他们依然把小业主阶段的创业经验牢记在心,从而形成浓厚的家族中心观念,即使认为有必要采用股份制形式,但实质上仍然是家庭成员持股制,坚持"肥水不流外人田"。

第二类民营企业家的背景和经历中,乡镇企业的经营理念和管理理念依然牢固存在。与第一类民营企业比较接近的是:他们也形成了家庭中心的观念,所以即使也采取股份制形式,家庭成员持股制仍是基本的。如果一定要在第一类民营企业家和第二类民营企业家之间找出差异的话,也许可以这样认为,即出身于乡镇企业的民营企业家中,除了某个家庭中心以外,可能还带有乡土观念,这是指:当初走向民营企业的过程中,可能有好几个家庭都曾是乡镇企业的创业者,他们既是同村的好友,又是创业时的伙伴,现在企业做大了,于是形成了几个家庭共同主持已经壮大的民营企业,分庭抗礼,势力不相上下。这样一来,反而会出现一种意想不到的后果,即如果遇到困难,或遇到影响本企业发展前景的大事,几个不同家庭的代表会坐在一起商量对待,这就与单纯由小业主成长起来的民营企业不一样了,因为在那里只有家长一个人拍板做主,家长是权威,家长本人一言九鼎,谁都得服从他。不错,家长有经验,但经验可能是财富,也可能是包袱。而由乡镇企业演变而成的民营企业,如果不是以一个家庭为中心,而是由几个家庭共同主持,所有的重大决策由会议讨论,共同通过决策,这就比一个家族拍板,一位家长说话算数要前进了一步。当然,也不否认有另一种可能性存在,即当几个家族的代表各有看法,难以形成统一意见时,这家民营企业可能由此分裂,结果形成两家或多家民营企业。

第三类民营企业家与前面提到的两类民营企业家相比的最大特点是,他们有高学历,懂科技,了解世界经济和产业的发展趋势,再加上他们有从体制内转向体制外的经验,他们一心想把自己创办的民营企业转型为现代企业。在许多人的眼中,他们是新型的民营企业家,他们是中共十八届三中全会决定的坚定的拥护者,他们不仅同意市场在资源配置中起决定性作用的决定,而且也同意加快建立和发展混合所有制经济。他们对法制建设重要性的认识同样是深刻的。在法制不健全的条件下,他们一般不会轻易参股于国有企业。只有在法制健全,而且有法必依、违法必究的情况下,才会把投资于混合所有制企业作为自己的发展途径。

同样,我们还可以设想,今后会有越来越多的以小业主为背景起家的民营企业,以及更多的以乡镇企业为背景发展起来的民营企业,从家庭制企业走向混合所有制企业。在这方面,首先要有信心,因为走向现代企业制度是大势所趋。但家庭企业仍会继续存在这一点是无疑的;同时要有耐心,对家庭企业的转型改制要等待一个时期,因为这些家庭在实践中将会逐渐体会到现代企业制度对企业的发展更适合、更有利。

九、企业员工持股制的理论基础、基本形式及我国的实施步骤

在调查混合所有制经济的过程中,发现了一些与企业员工持股制有关的误解。

1. 对于员工持股制的误解

一是把员工持股制的好处着重放在短期效益上。比如说，认为员工持股后，企业一上市，股值一增，马上可以抛售，就可以稳赚一笔钱。

二是有人认为实行员工持股后等于增加了福利，员工人人有份，这跟企业工作是否改进没有什么关系。有了个人的股票，既可以分红，急需钱时还可以卖掉，这不是员工福利是什么？

三是有人认为，既然员工持股是一种福利，那就应当“旱涝保收”。怎样才能做到“旱涝保收”呢？有人建议采用“股票兼债券”的形式，也就是说，在企业赚钱时，持股的员工可以按股分红；在企业赔钱时，持股的员工等于持有企业债券，按固定的利率领取利息。四是认为在实施员工持股制以后，可以在企业中设立一个组织，叫职工持股会，影响企业的决策，通过有利于员工的各种决议，这样，员工的发言权就增加了，员工对企业决策的影响力也就增大了。

以上这些认识实际上都不准确。不能把员工持股制视为一种单纯的员工福利措施，也不能把员工的短期利益放在主要位置，更不能采取所谓“旱涝保收”的做法，破坏员工持股制的规范化。至于职工持股会之类的组织应符合企业的规章制度，保证企业法人治理结构作用的发挥，而不要形成对企业法人治理结构的干扰。

2. 推行员工持股制的理论基础

首先需要从经济理论上说清楚为什么要推行员工持股制。

经济学界都承认人力资本投入的意义，认为财富和利润归根到底是物质资本投入者和人力资本投入者共同创造的。只有物质资本的投入而没有人力资本的投入，不可能创造出财富和利润；同样的道理，只有人力资本的投入而没有物质资本的投入，也不可能创造出财富和利润。既然如此，那么在利润分配问题上便产生一个疑问，这就是：为什么利润只分给物质资本的投入者，而人力资本的投入者只能从成本中的工资部分取得自己的报酬？这公平吗？这合理吗?

于是就出现了“共享经济学说”。简单地说,这里所说的“共享经济”实际上就是“共享利润”,即物质资本投入者和人力资本投入者分享企业的利润,也就是说,人力资本投入者不仅仍然从成本中领取自己的工资,还应当分享利润的一部分。至于人力资本投入者应当分享利润的多大比例,要根据行业的性质和人力资产在该行业或该企业利润创造中的作用大小决定。所以,员工持股制的实行是有经济理论的依据的。

3. 实施员工持股制的基本形式

根据国内外的实践,员工持股制大体上有四种基本形式:

一是产权激励制度。

这主要适应于企业高层管理人员、高层技术开发人员以及其他被认为做出重大贡献的人员。产权激励制度的最大好处是调动这些人的积极性,并留住人才,防止他们被其他企业挖走。至于产权激励以何种方式实施,则由企业根据情况来定。从西方发达国家某些大型企业实施产权激励制度的经验来看,成效是显著的。但国内一些城市的调查表明,民营企业在实行产权激励制度方面还较顺利,而国有独资企业、国家控股企业在实行产权激励制度方面却受限过多,以致很难实行。因此在这方面,首要的问题依然是行政部门松绑与否,行政部门需要进一步解放思想,提高对产权激励制度的意义和作用的认识。

二是普惠性质的员工持股制。

普惠性质的员工持股制是指凡是本企业的员工都可以成为企业的持股人。好处是:“没有功劳也有苦劳”;凡在这个企业工作已满一定的年限,不分职务,也不分等级,人人有份,这种形式有利于增加员工的凝聚力,调动员工的积极性,提高员工的责任感。由于这样的员工持股制具有普惠性质,所以在企业内部可以减少基层员工与高管人员之间的隔阂。在实施过程中,对于高管人员、高层技术开发人员以及其他被认为做出重大贡献的人员所实行的产权激励制，如果在实施普惠性质的员工持股制以前就已经实施了，那么，二者可以并存而不必并轨。如果产权激励制度尚未实施，也可以同普惠性质的员工持股制合并实施，既可以“一制双轨”，也可以“两制并存”。无论是“一制双轨”还是“两制并存”，都应当向全体员工说明，普惠性质的员工持股按进入企业工作的员工身份持股，产权激励制以员工为企业做出的贡献大小作为持股的依据，即使是普通员工，只要为企业做出重大贡献，也可以具备产权激励的资格而持股。

三是发行新股中规定一定比例的员工股，鼓励员工认购。

无论是混合所有制企业、民营企业还是国家控股企业，在发展过程中，由于筹资增资的需要，准备发行新股，在新股中规定一定的比例划分为员工股，鼓励员工认购。但这不是强制性的，员工可以按自愿原则，量力而行，也可以不买新股。应该认识到这不是非法筹资，而是已纳入企业的增资扩股规划之中；这也不是一种短期集资的做法，要规定一定的年限“冻结”，未到可以转让的年限，不能“解冻”，即不能转售，但可以按股分红。期满后，愿转让的可以转让，愿继续持股的可以继续持股。这是一种调动民间资本进入实体经济的做法，并不违背员工持股的本意。至于企业增资扩股的过程中，每个员工可以认股的上限是多少，则根据企业具体情况而定。

四是国有企业或国有控股公司下由群众集资建立的子公司。

在国有企业、国家控股企业之下，建立一个由群众集资的集体经济、合作经济性质的子公司。这曾经是20世纪90年代初期和中期曾经采取过的一种旨在缓解当时社会失业压力的做法，它被称作“国有企业下面的集体所有制企业”。后来，这种类型的集体所有制企业逐渐不再存在了，有的同国有企业、国家控股企业脱钩而独立了，有的因经营不善而停办了，有的转为私人承包经营了。其实，这是一种很有启发性的改革措施，但当时没有明确的混合所有制或员工持股制的概念和改革思路，也没有认真总结经验，以至于大多数不了了之。现在回想起来，这种做法是可以从不规范转向规范化的，可以让“国有企业下面的集体所有制”成为混合所有制经济的试点，向独立的、完善的市场主体转变。

4. 在原有“国有企业下的集体所有制”实践基础上进行混合所有制经济试点的实施步骤将原来的“国有企业下的集体所有制”从不规范转向规范化，作为混合所有制经济的试点，具体说来，可以采取以下的步骤：

第一步：应当有一套着眼于中长期发展的规划。

应当有一套着眼于中长期发展的规划，包括所要建立的子企业的性质、资本多少、主管业务（最好能与母企业的主营业务配套，或者是为一线企业提供零部件，或者是为母企业服务的）、企业将来的规模多大、所需劳动力和厂房从何而来，以及近期的盈亏额估算等。这样，建立子企业时就会心中有数。

第二步：在母企业帮助之下建立子企业。

母企业提供一部分资本，以入股的方式投入，其中可以有现金，也可以包括厂房、设备、原材料，均可折股。母企业也可以派出一些有经验的管理人员、营销人员、技术人员到正在创始阶段的子企业协助工作和指导。他们如果愿意今后留在子企业，可以尊重他们的意愿，否则在一定时间以后返回母企业工作。

第三步：为新创办的子公司融资、筹资。

子企业不要采用“集体所有制”形式，因为这个概念是不清晰的，而应该采用混合所有制形式。母企业的现金投入和厂房、设备、原材料投入都折成母企业持有的股份，但持股比例应低于50%，最好在20%—30%，其余的资本或者来自母企业员工的自愿参股，或来自子企业新招收的员工的自愿参股，也可以来自其他民营企业的自愿参股。这样，股权结构是比较合理的。所有的投资方中，没有一方拥有绝对的控股权，但可以形成几方投资者相对控股的均衡状态,这将有利于子企业今后法人治理结构的运作。要知道,股权过于分散,全是小股东,容易导致企业偏重短期行为而忽略中长期发展。

第四步:混合所有制企业正常运转。

资本、技术、管理体系和营销渠道都具备以后,一个混合所有制企业就可以正常运转了。这尽管是20世纪90年代已经有过的老办法,但经过上述各个步骤,旧形式已具有新内容,而且是规范化的新形式。笔者在一些省市考察时,听到的反映是:在国家企业、国家控股企业改制转型的过程中,为了减轻就业压力,值得一试。

总之,中国特色的混合所有制经济之路,是我们自己走出来的。包括体制转型、发展转型在内的中国双重转型之路,不正是一步步通过探索、试验、总结推广而闯过来的吗?

蓝领中产阶级崛起与成长

中国经济发展到现阶段,劳动力成本的上升和熟练劳动力供给的不足,已经越来越明显。劳动力技术水平的提高和劳动力整体素质的提升,也已经成为经济进一步发展的迫切要求。如果不从劳动力供给的源头上想办法,让熟练劳动力能跟随经济的发展和产业升级而有稳定供给之路,势必关系到中国能否成为现代化国家,即能否引领国民经济和技术创新继续前进。因此,目前全国经济界对这些问题的密切关注,是有根据的。

从另一个角度分析,中国经济发展到现

阶段,不仅出现了贫富收入差距的扩大和低收入家庭长期陷入困境的现象,而且出现了社会流动渠道的堵塞。与 20 世纪 80 年代甚至 90 年代相比,社会垂直流动的通道已越来越狭窄,职业也开始走向世袭化了。贫富收入差距扩大和社会垂直流动渠道狭窄这两个问题,实际上是联结在一起的。这是因为:一方面,体力劳动者从农村流入城市以后,只能够找到如在建筑工地当粗工、杂工等重体力劳动的工作,或充当采矿工、搬运工、清洁工等简单劳动性质的职务,很难有机会成为技术工人,收入当然处于较低水平;另一方面,城市的生活费用是上涨的,这些从农村来的体力劳动者除工资收入外,没有其他收入来源,也很难有机会接受专门的技术培训,所以随着年龄的增长,依然处于贫困状态,而他们的孩子却一年年长大,这些孩子除了像父辈一样靠打零工、干粗活脏活谋生以外,又能从事什么工作呢?农民工的职业世袭现象也就很难改变了。

这就是我们在一些城市和城乡接合部考察时所了解到的情况。

为此,我们就中国蓝领中产阶级的成长问题做一些理论上的探讨。

一、二元劳工市场理论及其在市场经济条件下的作用

二元劳工市场理论在西方发达国家大约是 20 世纪 70 年代才发展起来的。这是对西方发达国家社会经济状况的一种判断,被经济学界认为是符合实际的,但却是不公平的,因为体现社会公平的应当是社会垂直流动渠道的畅通,让每一个有志进取的人通过自身的努力能够实现自己的愿望。然而现实生活中二元劳工市场的存在却成为有志进取的人成长道路上的严重障碍。

20 世纪 70 年代前期在西方发达国家就出现了最早剖析二元劳工市场的论文。代表性的作品有:1973 年 5 月《美国经济评论》上发表的 M. 雷克、D. M. 高尔登和 R. C. 爱德华兹合写的“劳工市场分

解理论”一文,1973 年 6 月英国《经济学杂志》上发表的 N. 波桑葵和 B. P. 多林格合写的“英国有二元劳工市场吗?”一文,1974 年 2 月的《经济学季刊》上发表的 A. J. 亚历山大的“收入、经验和国内劳工市场的结构”一文,等等。到了 20 世纪 70 年代后期,评论二元劳工市场的论文越来越多,乔治·萨恰罗波洛斯作为二元劳工市场的著名研究者发表了多篇有影响的评论二元劳工市场的论文,如“学校教育和收入分配”(与 A. 马林合作,刊登于《经济统计评论》1976 年 8 月)、“家庭背景、教育和成就”(刊登于《英国社会学杂志》1977 年 9 月)、“劳工市场二元性与收入分配:英国的实例”(载于 W. 克雷尔与 A. 索洛克斯编《个人收入分配文集》,阿姆斯特丹,1978 年版)、“人力资本与收入:英国的资料与评论”(与 R. 莱雅德合作,刊登于《经济研究评论》1979 年)、“英国的社会经济背景、学校教育和货币报酬”(与丁帕潘尼科拉奥合作,刊登于《经济学报》1979 年 11 月)等。

根据西方经济学家的论述,可以把二元劳工市场做如下的概述。二元劳工市场是指:劳工市场分为上等劳工市场和次等劳工市场。在上等劳工市场就业的,被看成是“好职业”;在次等劳工市场就业的,被看成是“坏职业”。“好职业”和“坏职业”的区别是:

1. 前者工资高,后者工资低;

2. 前者福利多,后者福利少;

3. 前者有较多学习培训的机会,后者基本上没有这种机会;

4. 前者有被逐步提升的机会,后者这种提升机会极少,甚至没有,经常是一辈子从事某种简单劳动和重复性劳动。

二元劳工市场形成后,一般说来,从事“坏职业”的劳动者很少有机会从“坏职业”转到“好职业”去,也就是说,两种职业之间跨劳工市场的流动机会基本是不存在的。于是,上等劳工市场的工作人员有较大可能升为中产阶级,而次等劳工市场的工作人员,由于主要从事重体力劳动、简单劳动、重复性劳动,待遇差、学历低、收入少,从而被挡在职务提升门槛之外,所以其中很少有人能上升为中产阶级。这就是人们常提到的“白领工作者可以成为中产阶级的一员,而蓝领工作者不包括在内”,“蓝领一辈子注定是蓝领,一直干到年老体衰,无法再干了为止,穷困终身”。

二、如何缩小二元劳工市场的差距以及如何改变劳工市场二元化的现状?

20世纪70年代以后,西方经济学家在对二元劳工市场的形成过程和弊病进行分析的同时,也积极出主意、想对策,以便缩小二元劳工市场的差距,改变劳工市场二元化的现状。他们大体上提出了如下措施:

第一,要认识到二元劳工市场的现状不是不可能改变的,而是可以通过政府和社会各界的努力,使上等劳工市场和次等劳工市场之间的差距缩小,使那些在次等劳工市场工作的人有机会、有条件转入上等劳工市场。在这方面起重要作用的,就是职业技术教育的推进,使准备就业的青年劳动力及早获得一技之长,从而有机会到上等劳工市场就业,或者即使仍在次等劳工市场上工作,但由于技术水平较高,基础知识较扎实,仍有机会被提拔或改换工作。这意味着,先让蓝领工作者成为技工、熟练技工或者有专长的工作者,他们就有可能跨过从次等劳工市场转到上等劳工市场的门槛,成为上等劳工市场中的一员。

第二,改善次等劳工市场的生产条件,不再单纯凭工作者的体力在艰苦、恶劣的环境中工作。要让体力劳动者有机会降低工作强度,也要让体力劳动者有机会改善自己的生活。要逐步减少“坏职业”,使一部分“坏职业”转变为“较好的职业”。比如说,搬运工不再像过去那样靠肩挑背负,而逐渐成为机器的操作者,大大减少体力的消耗。这是可以通过技术设施的应用而实现的。

第三,增加社会上"好职业"的工作岗位,尽可能减少"坏职业"的工作岗位。在西方一些发达国家,由于移民工人人数较多,某些粗活脏活逐渐由移民工人担任,本国的工人一般不到这些部门工作。当然,从广义的角度看,让移民工人代替本国工人从事这类工作并不是解决问题的真正办法,也不是真正解决劳工市场二元化的有效对策。这只是一种临时性的改善本国体力劳动者处境的办法,而置移民于不顾。

第四,一些西方经济学家根据西方发达国家近些年来现代服务业的扩张情况而得出如下看法,即劳动者从次等劳工市场转入上等劳工市场工作(由"坏职业"转为"好职业"),并不意味着一定要代替现有上等劳工市场中已经就业的人的位置,因为从上等劳工市场中的职业类别可以看出,对经理人员、管理人员、专业人员的需求并非固定不变,而是有可能增加的。这是大势所趋。也就是说,一个工人凭技术专长成为专业人员以后,并不意味着必须同时有一个专业人员失去职位,降为工人。以现代服务业的扩张过程为例,可以清楚地认识到这一趋势。这就为次等劳工市场跨入上等劳工市场的现实性做了很好的说明。

第五,鼓励有技术、有专长的体力劳动者开设自己的小微企业,如制造零配件,为大企业配套生产,或开设修理业务,或从事服务业。这些小微企业是有前途的。小微企业的创业者,完全有可能闯出一条新路。在这里特别需要说明的就是,自行创业和"受雇于人"是两类截然不同的就业概念。当人们讨论上等劳工市场和次等劳工市场的区别时,或讨论所谓的"好职业"和"坏职业"的区别时,所注意的都是"受雇于人"的情况。既然都是"受雇于人",那么人们关心的无非是工资收入的高和低,福利待遇的多和少,以及是否有学习和培训机会,是否有被提升的机会之类的问题,人们也是这样来区别所谓"好职业"和"坏职业"的。然而,一旦体力劳动者转入自行创业的领域时,他们的心理状态就改变了,他们作为小微企业的创业者，自己就是小老板，根本没有“受雇于人”的想法。他们肯吃苦，肯耐劳，只是为了把自己的小微企业办好。他们哪里还会斤斤计较什么活是轻松的，什么活是又累又苦的？他们既然是小老板，那就把累还是不累置于脑后，一心就想创业。这也是人之常情，所有成功的小微企业的创业者都是这样想的，因为只有这样，他们才能做出成绩，把自己的企业越办越兴旺。

以上从五个方面做了分析。得出的结论是：二元劳工市场的状况是可以改变的，事在人为。只要社会上有越来越多的人，不把次等劳工市场中的就业者看成是“没有前途的人”、“没有出息的人”，不把所谓的“坏职业”看成是“下贱的职业”，而是抱着同情的心态，帮助体力劳动者，通过职业技术教育提高他们的知识水平和技术水平，就可以使这些体力劳动者的工作条件改善，可以使他们的收入水平逐步提高，使生活条件改善，还可以使他们的子女受到良好的教育，在社会上受到尊重。何况，随着科学技术的进步，某些沉重的、艰苦的体力劳动也完全有条件改善甚至消失。

三、职业技术教育体系的形成

在缩小上等劳工市场和次等劳工市场的差距的过程中，如前所述，职业技术教育起着十分重要的作用。根据西方发达国家近年来的经验，职业技术教育应当形成一个完整的体系，这个体系包括职业技术学校（中职类）、职业技术学院（大学类和大专类）、职业技术教育研究院（培养研究生，包括职业技术教育体系对各级学校师资的培养）。此外还包括各种非学历性质的培训学校、培训班等。

根据西方国家工业化的经验，学徒制在工业化早期曾经起过一定的作用。有技术专长的师傅带徒弟的制度存在的时间相当久。即使徒弟在进入工厂前已经有一定的学历，但是进厂以后，仍由某一个师傅带领，从学徒做起。在英国，还存在着两种体制的学徒，一是师傅带的徒弟，另一是企业招收的学徒工，两类学徒并存了一段时间，后来才合二为一。为什么会重视学徒制？因为这是培养技术工人、熟练技工的途径之一。师傅带领徒弟，可以学到课本上学不到的东西。如今，西方发达国家的工业企业一般不实行学徒制了，但仍有企业采取了类似的做法，只是把“学徒工”改称为“见习工”、“实习生”而已。实际上，“见习工”、“实习生”仍然属于职业技术教育体系的组成部分。

职业技术教育体系的教师、研究人员、实验员等人，都应当有一定的职称。这些工作人员可以通过各种进一步的培训和教学工作、实验工作经验的积累，而晋升职称。不要轻视这些工作人员，他们是一支庞大的师资队伍、研究队伍、实验队伍。职业技术教育体系的发展和完善，不能没有这样一支在教学实践中成长起来的师资队伍、研究队伍和实验队伍。

在中国，当前正在进行农村土地确权和发证工作。这是关系到全国农民权益保护的大事，也是调动数以亿计的全国农民积极性和创业精神的一项重大的改革措施。在已经完成农村土地确权工作的地区，农民们不仅欢庆自己的土地权益和个人房屋权益得到了法律的保障，而且学习知识技术和经营管理的热情空前高涨。他们有了充当家庭农场主，做一个懂得现代农业科学技术和农产品生产、经营、管理水平提升的家庭农场主的愿望。这就为农业现代化、产业化的实现增添了巨大动力。在许多地方，农民提出了要接受有关种植业、养殖业、畜牧业、农业机械化和现代农业管理、营销的职业技术教育的要求。这种现象是过去从未遇到的。应当认识到，这正是提高农民素质的绝好机会。现代化的农业必须同高素质的农民相适应，也必须同合格的、优秀的家庭农场主们相适应。为广大农民进行有针对性的职业技术教育，意义重大，而且是职业技术教育发展的大好机会。

职业技术教育体系不是封闭性的，而是开放性的。这种开放性主要反映于以下三个方面：

第一，正规的、有学历和学位的职业技术学院、职业技术学校、职业技术研究院所同非正规的、没有学历和学位的职业技术培训班并存，让求学者选择。甚至可以举办职业技术教育的公开资格考试，人人可以报名，参加考试。通过了若干必修课和选修课的考试，可以获得一定技术等级的技工、高级技工、技师等资格证书。这种考试，既包括基础知识、专业知识的内容，也包括对实际操作能力的考核。

第二，职业技术教育体系对任何一个受培训者的专业培训并不仅限于某一专业，而可以是多方面的。比如说，一个家庭农场主，他既想学习现代农业的育种技术，又想学习农业机械的操作技术和修理技术，还想学习家庭农场的管理和农产品的营销，那就应当满足他的愿望，可以多次接受培训，学习完这一课程，再学习另一类课程，然后再学习第三类课程，学无止境，只要学习者有时间有精力就行。如果学习完某一类课程，他想参加技术资格考试，也由他自己决定。他再想参加另一系列的技术资格考试，同样由他自己决定。学习是终身的，技术资格考试也是终身的。这体现了职业技术教育体系的开放性。

第三，职业技术教育体系的开放性还体现于学生在校学习期间可以选择自己未来的走向。比如说，一个职业技术学校（中职类）的学生如果毕业后个人的志向改变了，他有志转入非职业技术教育体系以外的普通高等学校深造，那么他只要符合普通高等学校的报考条件，就可以参加某个普通高等学校的入学考试，凭考试成绩或被录取，或未被录取。学生在这方面的选择不应受到歧视。这是因为，年轻人的兴趣和志向是会发生变化的。也许当初他选择职业技术学校（中职类），是家长或老师代他决定的，现在他自己拿主意了，他想改变自己原来的选择，也由他自己决定。这种情况是正常的，只要符合规定就行。

四、社会垂直流动渠道的通畅

如前面已经指出的,二元劳工市场的形成与社会垂直流动渠道的堵塞有密切关系,正因为社会垂直流动堵塞,次等劳工市场上的体力劳动者只能在“坏职业”中寻找工作,从而影响他们的后代也只能在父辈的“坏职业”环境中就业,进而形成职业世袭化现象。

社会水平流动在工业化过程中是比较通畅的,这主要表现于农村人口有可能到城市中来找工作。但大多数农村人口由于种种原因,只能在次等劳工市场上找到粗活、累活、脏活去做,原因在于社会垂直流动渠道被堵塞了。于是越来越多的农村人口即使进了城,也只能在次等劳工市场上徘徊,如果他们想找到一份工作的话,那也只能在“坏职业”中去寻找就业机会。这样一来,社会水平流动虽然开放了,但从农村涌入城市寻找工作的农村人口全部挤在次等劳工市场上,连“坏职业”都不容易成为就业的场所。于是就形成了这样一种恶性循环,即由于社会垂直流动渠道堵塞,由农村涌入城市的求职者越来越多地挤入次等劳工市场,求职者也越来越多,雇主给的待遇越来越少,劳动条件越来越差,职业世袭化现象也就越来越严重。

由此可见,让社会垂直流动渠道通畅起来,无疑是改善低收入家庭收入和生活状况的不可缺少的环节之一,也是调动在所谓“坏职业”工作的体力劳动者积极性的措施之一。无论从社会和谐还是从经济发展的角度来看,这都是一件大事。

让社会垂直流动渠道通畅的第一项措施,就是贯彻机会均等原则。机会均等原则是市场经济下必须遵守的原则。具体地说,一切职位都应通过一定的资格审查,有序进行,并建立竞争上岗机制。凡符合条件的,在考核中合格的,就被录用。职务的提升也是如此,这体现了公平性。对求职者和晋职者来说,唯有公平竞争和机会均等,才能使大家心服口服,并能起到鼓励学习和努力工作的作用。职业世袭化,在这种条件下也就不可能存在了。

让社会垂直流动渠道通畅的第二项措施,是提供多种渠道供求职者选择。这里包括:大力发展职业技术教育,办各种各样的职业技术学校和培训班,让有志上进者接受培训,增加自己的知识和技能。在此基础上,求职者才有条件去参加各种考试,凭成绩被录取。从这个意义上说,参加职业技术教育的学习和培训是为有志者创造条件,以便逐步实现自己的求职或者改变职业的愿望。让社会垂直流动渠道通畅的第三项措施,前面也曾提到,就是鼓励有能力的人自行创业。他们不妨从零开始,即从个体工商户开始,从小微企业开始。只要有能力,讲诚信,肯吃苦,有特长,未必不能成为中型企业的企业主。如果在此基础上,继续努力,同样有可能成长为大型企业的企业主或合伙人。小富靠勤奋,中富靠机遇,大富靠智慧,这三句话对每一个创业者都是适用的。而且,这种从零开始的创业活动会有示范效应,成功的例证可能鼓励更多的有志者加入创业者的行列。

让社会垂直流动渠道畅通的第四项措施是改变社会上对所谓"好职业"和"坏职业"的偏见,更不能听从社会上流行的瞧不起体力劳动者的各种评议。社会上应扭转多年存在的"职业偏见",即认为体力劳动者是"没出息的"、"没有前途的"、"低人一等的",等等。这种传统观念不破除,不摒弃,是不利于社会和谐和经济发展的。蓝领,即从事体力劳动的工人,同其他行业的职工一样,都应当受到社会的尊重。任何行业的职工,包括体力劳动者,在地位上是一律平等的,并无高低贵贱之分。蓝领工人自己也不应自卑。某些重体力劳动的职业,劳动条件随着技术的进步和推广而会逐步改善,这是大势所趋,无可置疑。因此,蓝领的一般工人要懂得,一方面劳动强度会更大,会留下一定空闲时间给自己学习知识和技能;另一方面完全有可能通过经验积累和技能提高而成为技工、熟练技工、技师和高级技师，也有可能成为创业者和企业家。

五、蓝领中产阶级成长的重要意义

西方发达国家的工业化、现代化过程已经清楚地告诉人们，当蓝领的体力劳动者通过自己的努力而成为技工、熟练技工之后，他们的收入状况和生活条件是会相应地发生变化的。他们面前的社会水平流动渠道本来已经通畅了，而社会垂直流动渠道也会逐渐通畅起来。由此可见，蓝领作为体力劳动者的代号不是不会改变，更不能认为蓝领工作者会永远被定位于次等劳工市场，定位于"坏职业"。

蓝领技工和熟练技工在收入提高后，完全有可能成为中产阶级的一员。家庭农场主也是这样，他们也完全有可能不再以过去的农民的姿态出现于乡村。家庭农场主不仅会以农业、养殖业、畜牧业、林业中的新型市场主体代表者的身份出现，而且还可能以新型农业企业家的面貌出现于市场上。他们的收入增长后，同样会进入中产行列。完全有理由把这些务农者称为蓝领中产阶级的一员。

蓝领中产阶级的成长意味着"金字塔形"收入分配结构正在向"橄榄形"或"鸡蛋形"收入分配结构转变，这是符合经济发展规律的。

蓝领中产阶级的成长还告诉人们，在一个既重公平、又重效率的社会里，这一事实本身表明了公平和效率是可以同时实现的，而且公平和效率可以处在相互促进的状态。社会水平流动渠道的畅通，已经在工业化、现代化的过程中反映在人们跨地区、跨城市、跨行业的流动中，既体现为公平选择住处、工作地点和所中意的职业，又体现为在力所能及的条件下使夫妻团聚、父母与子女团聚的权利得以实现，也体现为将人们的积极性发挥出来。效率正是在这种动力下提升的。公平促进了效率的提高，效率同样反映了公平的实现。公平和效率之间并不存在此长彼消的关系。

此外,还应当指出,蓝领中产阶级的成长告诉人们,在依法治国的理念下,只要实现了机会均等,只要劳动者勤于工作,努力学习,不断增加知识和技能,无论受雇于人还是自行创业,都会有收获。社会垂直流动渠道的畅通,使每一个勤奋进取的工作者都会有前途。这将是社会风气的巨大转变,人们会记住,未来的前途主要来自个人的努力,而并非依赖于家庭出身、父辈的门第或者祖上留下的遗产。

一个社会最怕的是出现一批又一批的绝望者。在社会水平流动渠道和社会垂直流动渠道相继堵塞的环境中,绝望者增多了,他们认为自己注定就是失去前途的人,个人再怎么努力都是没有希望的。绝望的结果既可能是自暴自弃、听任命运的安排,也可能是消沉、无所作为、了此一生。蓝领工作者必须懂得:成就是通过拼搏才能获得的。已经取得成绩的大批创业者和在工作中做出成绩的人,都是自己学习的榜样。因此,蓝领中产阶级的成长定将成为一面面旗帜,鼓励着更多蓝领体力劳动者奋发向上。

六、蓝领中产阶级成长的背景

从西方各国工业化的进程来分析,传统生产方式之下,“金字塔形”收入分配结构是十分牢固的。土地,当时是最重要的生产资料,大部分掌握在贵族、地主手中,除一部分自耕农拥有自己的田产外,佃户和雇农没有土地。这种情况不改变,“金字塔形”的收入分配结构不可能变更。

工业化开始以后,西方国家的情况稍稍发生变化。城镇化中出现了一些新式的工厂,城市经济日益繁荣,市场不断扩大。这样,新工厂的厂主尽管最初是一些小老板,但他们走在前面,有机会较快地积累财富、扩展视野。工业化继续推进,从而使“金字塔形”的收入分配结构的改变已经具有一定的可能性，虽然这一改变是十分缓慢的。理由在于：中产阶级的形成往往是滞后的。要知道，缓慢形成的中产阶级尽管是促进“金字塔形”收入分配结构变化的力量，但由于中产阶级的形成总是滞后于经济的发展，滞后于收入分配结构的变化，所以时机未到，还不可能使“金字塔形”收入分配结构发生实质性的变化。

在西方国家一般都是在进入工业化中期以后收入分配结构才逐渐由“金字塔形”转变为“橄榄形”或“鸡蛋形”的。工业化中期以后，中产阶级之所以逐渐壮大，大体上有以下五个原因：

1. 技术进步和管理的要求

这与工业化过程中技术进步和管理工作的日益复杂化、专门化、精细化有关。由于技术进步的速度是加快的，从技术发明到实际工作中的推广应用的时间间隔是缩短的，对从事技术工作和管理工作的人员需求不断增长，从而技术人员和管理人员的收入也随之上升。从事技术工作和管理工作的人通常被称为“白领”，区别于从事体力劳动的“蓝领”。“白领”工作者人数的增加和他们收入的上升，使他们有可能首先上升为中产阶级的成员。在这里，“白领”也包括自由职业者，如律师、医生、艺术家、作家、会计师事务所的自由工作人员等。

2. 自行创业者增多

工业化导致经济持续增长和市场日益扩大，由此带来的一个明显后果是社会上自行创业的人越来越多，应当指出，自行创业者中是不分“白领”还是“蓝领”的，即从事“白领”工作的人可以自行创业，从事“蓝领”工作的人同样可以自行创业。只要他们选择了自行创业这条路，就会既从事“白领”工作，也从事以体力劳动为主的“蓝领”工作。对自行创业者来说，特别是在创业活动初期，他们是不计较这些的。由于他们并非受雇于人，而是自己当小老板，所以也就无所谓了。

3. 受教育机会趋于均等

西方国家在工业化进展到一定阶段之后,社会上对于受教育机会均等的呼声越来越高。即使是低收入居民家庭,他们也希望自己的孩子有机会接受教育,包括普通教育或职业技术教育。但他们往往自己负担不了学费,这就使受教育机会均等成为空话。因此在西方国家工业化进入中期以后,社会各界(包括教育界、企业界、公益事业关心者和国会议员等)不断向政府提出建议,要求政府承担普及义务教育的责任,让适龄儿童一律免费接受义务教育,并多设职业技术教育的学校、学院,并为进入高中和大学的学生增设各种奖学金。同时,社会各界还特别提出让妇女也能接受义务教育、职业技术教育和高等教育。社会各界的呼吁终于被进入工业化中期的西方国家的政府所接受。

4. 社会流动性增大和上升机会的涌现

社会流动性增大和中产阶级队伍的扩大之间有着密切的关系。在西方国家的工业化进入中期以后,社会流动性增大和中产阶级队伍扩大之间的关系更为明显。可以从以下两方面进行分析。

一方面,社会流动性增大既包括社会水平流动的渠道更加通畅,也包括社会垂直流动的渠道相对于过去而言已有较大的改善。于是一些有技术专长和专业知识的人员易于迁移到自己认为合适的工作地点去,而且他们改变职业的可能性、提升职务的可能性以及自行创业的可能性都增加了。由于就业信息的普及,求职者和指望更换职业的人在获取较多的就业信息后,可以自愿选择工作地点、受雇单位和中意的职务,他们的收入也会随着工作的变更而上升。至于用人单位,由于社会流动性增大,可以从中找到更合适自己所需要的技术人才和管理人才,效率提高了,企业会发展得更好。从此,经济中开始出现"社会流动性增大—效率提高—工作者积极性涌现—工作者收入上升"的良性循环。

另一方面,社会流动性增大使得有技术和管理专长的人有了较多的职务提升机会。这是因为,职务提升机会的增多离不开中高层技术和管理职位的增多,而企业中的中高层技术和管理职位的增多又离不开经济的发展和市场的扩大。这表明,工业化继续推进过程中,企业中高层职位的增多,为中产阶级队伍的扩大提供了条件,这已经是近些年来西方国家的常态,被不少研究者注意到了。

5. 新行业的成长

有必要指出,在西方国家继续推进工业化的过程中,市场的扩大和新行业的成长也是中产阶级逐渐壮大的一个主要原因。

新行业的成长,虽然离不开技术的进步,但归根结底,仍然和国内生产总值的持续增长有关。需求创造供给,供给也创造需求,需求和供给始终是相互促进的。具体地说,新行业提供新的产品和新的服务。如果没有国内外对新产品和新服务的需求,怎么可能出现新行业?如果没有新的资本投入,没有为生产新产品和新服务所需的新的机器设备、原材料和场地的供给,又怎么可能出现新行业?

新行业的成长,使大批相关的技术人才、管理人才、营销人才有了用武之地,从而也促成了这些专业人才的收入的增加和职务的提升,进而为中产阶级队伍的扩大提供了有利条件。

以上从五个方面谈到了西方各国在工业化中期以后中产阶级队伍壮大的原因。这五个方面的原因通常是彼此相互影响和共同起作用的。很难说中产阶级的逐渐壮大是其中某一个原因起主要作用的后果。

七、"白领"和"蓝领"的区别还会延续多久?

在传统生产方式之下,从事不同职业的人并没有划分为"白领"或"蓝领"。甚至工业化开始后很长时间内,也没有"白领"、"蓝领"之类的称谓。工业化过程中企业雇佣的办公室人员,逐渐被称为"白领",而企业雇佣的从事体力劳动人员,则逐渐被称为"蓝领”。工业化进入中期以后，“白领”工作者和“蓝领”工作者之间的界限日益明显。“蓝领”被视为从事体力劳动的工人的代称，而且受到轻视。收入较多和收入较少，劳动强度稍低和劳动强度较大，以及有较多机会被提升职务和很少有机会被提升职务，被视为区分“白领”和“蓝领”的主要标志。久而久之，这种区别在工业化推进过程中也就习以为常了。

由于“白领”和“蓝领”之间存在着收入差距，而且受教育状况也有差距，所以“白领中产阶级”一般比较常见，“蓝领中产阶级”并不多见。尽管“蓝领”中有些人成为技工、熟练技工甚至技师或者高级技师，但仍然不受重视。对“蓝领”工作者的偏见依旧存在。

实际上，中产阶级不仅是一个按收入水平确定和划分的概念，同时也是一个按照文化素质确定的概念。不能认为只有钱而没有文化素质的人会成为社会的中坚力量。中产阶级理应成为社会中坚力量，在这方面不能缺少文化素质这一要素。

文化素质，其中包括道德修养在内，应当是“白领中产阶级”和“蓝领中产阶级”的共同标准。有了文化素质和道德修养，“蓝领中产阶级”和“白领中产阶级”一样能成为社会中坚力量。

在科技进步、知识不断更新的环境中，如果今天还有人在区分干某些工作的是“白领”，干另一些工作的是“蓝领”，试问这种划分还能延续多久呢？也许再过若干年，不会有人再以旧的眼光看人了。那时，说这个人是“蓝领”，说另一个人是“白领”，还有意义吗？当人们都在计算机旁工作时，你能区分谁是“白领”，谁是“蓝领”吗？也许连工作者自己也分不清了。

到那个时候，区分哪种工作是“白领”从事的，哪些人属于“白领”系列，哪些人属于“蓝领”系列，已经没有意义了。社会上也就不再有什么“蓝领”还是“白领”这种过时的、陈旧的分类了，这也许是不远的将来就可以实现的情况。如果大多数人都已经进入中产阶级行列，并且还有一些人即将进入中产阶级行列，又何必再区分什么“白领中产阶级”还是“蓝领中产阶级”呢？

“城归”：中国正在悄悄地进行一场人力资本革命

一、工业化开始后，农民外出务工是一种普遍现象

在工业化过程开始以后，农村劳动力涌入城市寻找工作，增加收入，是世界上任何一个开始工业化的国家和地区都曾经历的事情。英国、法国、荷兰就是典型的例子。可以说，如果没有农民涌入城市，充当体力劳动者，这些西欧国家的工业化是难以实现的。中国自19世纪中期以后，由于外国资本在上海、广州等沿海口岸投资建厂，江苏、浙江一带的农民涌入上海等地，广东、广西、湖

南一带的农民涌入了广州等地。这就是最早的同工业化有联系的来自农村的劳动力。到了20世纪初年,尤其是第一次世界大战爆发以后,民族资本对工业的投资增长很快,涌入沿海城市的农村劳动力越来越多。这都是正常现象。这种情况一直延续到20世纪50年代中期。20世纪初期以来,基本上都是如此。当时,沿海城市的农民,无论是来自农村的劳动力还是内地其他城市的劳动力,只要进入沿海的工厂,有了工作,就成为所迁入的城市的居民,他们如果把自己的配偶和孩子带进城市,也就能在迁入的城市登记上户籍,孩子能在迁入的城市的学校上学。当时,并没有所谓城市户籍和农村户籍的区分。

城乡分割的二元户籍制度是1958年户籍改革后才确立下来。从这时起,农民进城有一定的招工指标,不符合条件的进城或离开农村谋生的,被认为是黑户籍,是"盲流"。这种情况一直持续了三十多年,以至于离乡进城的农民及其家属,包括儿童,都不能融入城市社会。即使已经在城市中工作和生活了二三十年(从1979年改革开放算起),都是这样的状况。"农民工"的存在表明:他们的身份是农民,而他们的职业已经是工人、手工业者或小商贩了。

如果说中国工业化开始后的农民工和西欧国家工业化开始后的农民工相比,各有什么特色的话,可以说,最大的区别在于中国的农民工在中国工业化大力推进时受到二元户籍制度的严重影响,从而形成了城镇化的困难。据2015年的估计,中国农民工人数大约是两亿六千万人到两亿七千万人,此外,还有四千万左右的留守妇女、四千万左右的留守儿童、四千万左右的留守老人。他们进不了城镇。农民工家庭长期不能团聚,夫妻之间的误解或隔阂增大,留守儿童无人照顾,留守老人的生活不能自理,外出务工的农村劳动力根本无法尽子女之职责。这种情况在西欧国家工业化前期虽然也曾出现过,但由于没有城乡二元户籍制度的限制,类似的情况较快得到缓解,因为只要西欧国家的农民进城找到工作后,城市市区,特别是郊区是有可能找到住处的,所以棚户区、贫民窟相继形成,这就是一个证据。根据经济史资料,在西欧国家工业化的前期,跟随男劳动力进城的一大批妇女之所以能找到工作,同缝纫机的推广使用有一定的关系,这就是说,缝纫机进入了进城农民家庭,农村来的妇女当时只要能购买或租赁到一台缝纫机,就可以在家中接到企业的订单,靠缝纫机操作完成。农村来的妇女有了劳动收入,她们和孩子也就能在城市里生活下去了。

到了西欧国家工业化的中后期,这些国家的农村劳动力的来源发生了显著的变化。这就是:来自本国农村的农民工越来越少。这些西欧的农村居民的生活状况与过去相比已有很大的改善,他们建立的家庭农场不仅有很好的业绩,而且在私人产权保护方面和农产品的销售价格方面还得到政府的保护。他们的下一代也受到很好的教育,他们不再像工业化前期那样流入城市去寻找体力劳动的工作岗位。那是他们的曾祖父辈、祖父辈的谋生经历,那个时代已过去了。代替他们在城市中寻找体力劳动力工作岗位的,是来自东欧农村、北非农村和西亚南亚农村的劳动力,还有些人甚至是来自撒哈拉以南非洲国家的农民。但机械化实现后,西欧工业化国家对体力劳动者的需求数量在减少,而对农村劳动力的质量和技术水平的需求都越来越高,进而使得从亚非国家涌入的农村劳动力很难找到固定的工作。

中国在进入工业化中后期时代以后,农民工的来源也在发生变化,沿海地区的农民如果愿意自己经营家庭农场或参加农民合作组织,他们是不会去城市从事体力劳动工作的。他们也许会选择小作坊经营、小商小贩活动,认为这更有利于自己发展。在城市从事体力劳动工作的,可能是从西北、西南或中部地区来的农村劳动力,但也有可能以此为过渡的工作岗位。但不管怎样,即使来自西北、西南或中部地区的农村劳动力的供给量已经不同于20世纪八九十年代的情况。因为从西北、西南或中部地区供应的劳动力中,没有经过专业技术培训的同样难以找到固定的工作。应当指出，城乡二元户籍制度更深刻的害处在于，它挫伤了中年人，尤其是年轻人改善自己前途的信心，甚至陷入绝望、悲观的境地，进而影响他们的子女。整个农村死气沉沉，过一天算一天。

二、原有的发展方式发生了危机

任何国家在经济发展中都会遇到原有发展方式逐渐不再适应新的形势这样的问题。也就是说，经济转型是每一个走上工业化道路的国家必须经历的一个阶段，而且经济转型并非只有一次。随着科学技术的进步和对新创新成果的认识，经济继续转型的必要性被政府和企业界所认识到，经济也会继续转型。这一点已被世界上不少国家所认识到。

原有的经济发展方式既然已经被认识到不适用了，这条路也已被认识到越走越窄了，所以经济转型和产业升级都成为走上工业化道路的国家所关注的事情。世界经济的发展趋势就是如此。谁有实力，谁有眼光，谁就走在世界经济的前列。这个道理也已被各国所认同。

中国经济同样如此。从改革开放以后的三十多年的历史来看，中国经济大致可以分为三个阶段。

第一个阶段可以从 1979 年改革开放开始时算起，大体上到 1992 年邓小平同志视察南方的讲话公开发表之时为止。在这个阶段内，中国经济转型反映在农村承包制的推广和乡镇企业的兴起方面。农村承包制的推广意味着农民生产积极性的提高，实行多年的凭票供给城市居民食物的做法取消了，各城市和村镇中新出现了各类农贸市场，产品供应充足，市场活动，再加上乡村中涌现了许多乡镇企业，它们生产出各种工业制造品，并在全国范围内销售，于是在传统的计划经济体制外出现了乡镇企业的商品市场，从而大一统的计划经济体制之外,乡镇企业商品市场建立了,并对生产和生活发生重要影响。

第二个阶段大体上从邓小平同志视察南方的讲话公布后开始,到21世纪第一个10年结束时为止。这个阶段内,一方面国有企业的股份制改革开始推进,另一方面民营企业开始有较快的发展,并且有些民营企业也采取股份制形式。这个阶段内,社会主义市场经济体制得到了中共十四大的肯定,在经济中也得到了不少企业家的支持。与此同时,在邓小平同志视察南方讲话公开发表之后,一部分学历较高、有世界眼光的、原来在体制内工作的知识分子纷纷辞职下海,成为新型的企业家,他们被称为"九二派",他们成为沿着社会主义市场经济道路前进的开拓者。这些都是这一阶段致力于中国经济转型的积极分子。此外,中国经过多年的努力,终于成为世界贸易组织的成员。这是有利于中国经济转型的一件大事。

第三阶段大体上开始于21世纪第一个10年结束时,特别是中共十八大开幕之时,一直延续到今天。这一阶段也是进一步改革开放的时期,发展方式的转换成了全国上下关注的重点。在中共十八大、十八届三中全会、十八届四中全会、十八届五中全会、十八届六中全会的指引下,中国的经济转型大大加快了。人们普遍认识到新常态的含义,认识到必须转换经济发展方式,重质量,重创新,重效率,在经济增长速度方面要符合新常态的要求,从高速增长转变为中高速增长。在这种情况下,既要扩大消费,更要增加供给。增加消费,主要是要改善人民的生活,使市场继续繁荣;增加供给,主要是要实现结构性改革,使创新取得新的突破。要知道,增加供给必须调整结构,这是一个艰难的任务,因为结构的调整涉及深层次的问题,比如说,要深化国有企业改革,要推进混合所有制经济,民营企业也要根据情况而实现转型。又如,在结构调整过程中,要减少库存,要加快创新,要提高产品质量,要培养技术工人,提高他们的素质,还要降低生产成本、物流成本、管理成本等。这些都属于供给侧结构性改革之列。因此,企业对雇工的要求比过去高,不是企业一招工,应试的农民都能适应的。再如,在提高效率方面,不仅要提高每个企业的生产效率,还要大力提高资源配置效率,使资源配置合理化。由此看来,第三阶段的经济转型的任务是十分沉重的。我们必须为新阶段的经济转型而努力。

三、土地确权和土地流转:新机遇的来临

在中国,无论是第一阶段的经济转型还是第二阶段的经济转型,都对农村劳动力的外流发生了巨大的影响。正由于第一阶段的经济转型,农民在家庭联产承包责任制之下,有了外出务工的客观条件,他们纷纷奔向沿海,特别是经济特区,以便在那里找出合适的工作,如进入工厂当工人,进入建筑工地当工人,或受城市居民家庭的雇用,成为保姆、月嫂等。这时,进城的农民工因收入的增加而对家乡的农民产生了巨大的示范效应,于是有更多的农民外出务工。

到了经济转型的第二阶段,即 1992 年以后,从内地乡村到沿海城市和省内城市谋职的农民越来越多,他们只要有体力,或有一定的技艺,在城市中找到适合自己的工作并不困难。特别在一些已有本县、本乡、本村农民工工作的地方,经过同乡的介绍,也比较容易找到工作。这样,农民工的数量也就越来越多。从 20 世纪过渡到 21 世纪的时期,一些地方的农村甚至出现了如下的现象:青壮年基本上离开了农村,农村中只剩下老弱、妇女和儿童。

进入 21 世纪以后,特别是中共十八大以后,农村的经济转型加快推行。这主要是土地确权以及与此密切联系在一起的土地流转改革成为新阶段农村改革的起点。土地确权是在不改变农村土地的集体所有制,同时也不改变农村的家庭联产承包制的基础上实行的。从而,农民得到承包地经营权和经营权证、宅基地使用权和使用权证、宅基地上自建房屋的产权和房产证。有了三权三证,农民

有了财产,有了财产性收入。紧接着,农村的土地有了流转的可能性。农民们既可以在承包经营的前提下使自己的家庭农场办得更好,还可以通过租赁或转包等方式扩大生产规模,并雇用外地的农民前来务农,使家庭农场做大做强。如果承包土地的农民愿意发挥在手工业或商业方面的所长,也可以把自己承包的土地出租给他人,或转包给他人,自己转而进城开作坊或办商店,因为土地已经确权并有了相应的权证,他们安心了,不怕土地经营权、宅基地和宅基地上的房屋会被别人侵占或强行拆迁。农民如果想外出从事手工业或办商店,还可以加入农业合作组织,即以自己的承包地入股,按期分红,这样,他们也就安心了。

在新的经济转型阶段,外出的农民工还遇到两种新情况。一种新情况是:有些农民工是在煤矿或其他行业的企业工作的,虽然有工作可做,但生产条件较差,工作较艰辛,但总算有工作岗位,有工资可领。但在经济转型期,有些煤矿关闭了,或减产了,也有些企业同样被迫减产或关闭。下岗的农民工考虑到农村的情况这几年已转好,所以他们就回家乡了,这样,既可以就近工作,同妻儿老人一起生活,又可以回乡务农,致力于创业。另一种新情况是:有些民营企业在经济转型期间为了降低成本,向内地迁移,甚至转移到东南亚去。这些企业迁移后,往往只带少数管理人员或技术工人一起走,其余的工人被遣散回家。于是被裁减的农民工也就回家乡,以农业为生。2015年4月,我和全国政协一些委员在陕西汉中市考察,发现西乡县、洋县、留坝县等地的农民因各种不同的原因从外地辞去职务,在家乡经营农业和林业,他们反映生活比在外地好,不仅因为同家人团聚了,还因为开支节省了,积蓄增加了。

还应当提出一个与农村土地确权有关的问题,即通过农村土地确权,发现城乡居民收入的差距大大缩小了。在浙江嘉兴市的一些乡镇,发现在土地确权工作开展以前,当地城乡居民人均收入之比是3.1∶1,土地确权以后当地城乡居民人均收入之比已变为1.9∶1。

城乡居民人均收入之比为什么会有如此明显的缩小,据我们在同农户座谈时所了解的,大体上有三个原因:一是农民在土地确权后普遍安下心来,积极从事种植业、养殖业,收入因此提高了;二是农民把确权后的承包地租赁或转包给其他农户,自己到外面去务工,开手工作坊,或经商去了,收入也因此增长;三是农民把宅基地上的旧房子拆掉了,普遍盖起了四层楼的新楼。我们问当地农民,这么大的房子你们自己住?农民的回答是:"一层是店铺,租给外地来做生意的人用,二楼租给他们住,三楼、四楼我自家住。"这样,每月都有房租收入,农民的收入自然就多了。

这些就是新的经济转型阶段农村的新变化。也就是说,土地确权和土地流转给农民带来了致富的新机遇。

四、"城归":新型的农民群

由此让我们转入一个新概念的讨论,这个新概念就是"城归"。

过去只听说有"海归",而没有听说什么"城归"。"城归"这种说法是最近两三年才流行的。所谓"海归"指出的是改革开放以来历年到西方国家去留学的学生,他们在西方国家学习了一段时间,拿到了一定的学位,决心回国工作,以报效国家。于是他们被人们称为"海归"。那么,什么是"城归"呢?这是最近两三年内被人们使用的一个新名词,指的是:离开农村老家,通过不同途径,以不同方式,到城市去务工的农民工,现在返回老家,或者在本市或邻市、本县或邻县、本乡本村或邻乡邻村工作了,他们就被人们称作"城归"。

我们在安徽、江西、湖北、湖南、贵州、重庆、四川做过调查,发现这些从外地城市返回老家的人,有不同的经历,有不同的职业,也有不同的抱负。他们一般说来有如下的特点:离开老家到外地奔忙了几年甚至一二十年,有些人已经三四十岁了,也有人还年轻,三十岁左右。他们在外面工作了一些年,对市场经济比较了解,认识了一些朋友,积蓄了一些钱,有些还掌握了一些手艺或技能。他们认为长期在外边工作,一家人分居两地甚至三地,很不方便,而且孩子也大了,需要有人照料,家里的老人年纪越来越大,需要照顾。总之,农村的变化、家乡的变化,使他们产生了一些新的考虑:是继续留在外面务工或从事工商活动呢,还是下决心回家乡创业?其中有些人决定"见好就收",即决定趁早回家乡创业,免得以后后悔,把机会丢掉了。"城归"一词就是这样出现和流行的。

我们在贵州毕节市对小微企业考察时就发现如下几个例子。

贵州毕节市原先是比较落后和闭塞的。外出农民工出去得比较晚,而且最初外出时没有经过职业技术培训,即使外出了,也只是充当简单劳动者、体力劳动者,收入微薄。我2004年春季到毕节考察时,看到公路边上的村民墙上,用白粉刷上两行标语:"不读完初中,不外出打工。"我对陪行的当地干部说:"读完初中也只有十五六岁,难道就让他们去外地务工么?是不是太小了?"当地干部说:"我们正准备开展外出务工者的职业技术培训工作,让这些农家子弟经过职业技术培训后再到外省市去工作。"这种考虑是正确的。果然,以后我多次到毕节时,看到当地职业技术培训推行得很有成效。

2012年我在毕节市管辖的七星关区和黔西县考察时发现小微企业发展得相当快,从事小微企业的业主中有相当一部分人是外出务工一段时间之后又回到老家的"农民工"。他们是回老家创业的。我看到,有些小微企业是夫妇合办的。有的开办了面包房,兼做蛋糕。我问业主:"在哪里学的手艺?"女主人笑着说:"在外面打工时学的,现在回到老家,自己开了面包房。""生意怎么样?"回答是:"很好。"又说:"这里的居民原来没有吃面包和买生日蛋糕的习惯,现在成一种习惯了。特别是孩子和老人过生日,都来预订生日蛋糕。"我们还在毕节七星关区考察了农民工返乡后开设的裁缝店,生意红火。业主告诉我们，风气渐渐变了，城乡居民感到商场上所出售的时装价格较高，式样也不如人意，纷纷到新开的裁缝店来定做，这些裁缝店都是返回老家的农民工开办的。毕节市政府还专门划出一块地方建起“小微企业园区”，为新成立的小微企业服务。返乡的农民工，也就是创业者，兴高采烈，对我说：“这样一来，我们不再是‘没娘管的孤儿’了。”创业的小微企业主认为“小微企业园区”就是自己的新家，有困难也去找“小微企业园区”的管委会。

但在毕节市所辖的各个县区考察后得出的一个印象是：返乡农民工和当地农民办得最多的是两类小微企业：一类是汽车、摩托车的修理店，沿公路两侧，隔不多远就有一家；另一类是“农家乐”，既有供应游客食宿的，也有单纯供应一日三餐的。其中有些“农家乐”店铺生意很好，人手不够，就写信给仍在外地务工的家人，要他们回家来干活。这些都是农村中的新气象，值得大家关注。总之，“城归”一词现在渐渐普及了，“新的农民群”已是不少地方经济中的活跃人物。

五、农民是一种职业还是一种身份？

城乡二元户籍制度改革正在全国许多地方推进。这是中国改革开放以来农村改革的第三次浪潮。正如前面提到的，第一次浪潮是20世纪80年代初所推行的农村家庭承包制，第二次浪潮是21世纪第一个10年过去以后在全国有些地区开始兴起的农村土地确权工作和贯彻土地流转的改革。第三个浪潮就是最近积极推进的城乡二元户籍制度的改革。这将是摆脱计划经济体制和建立市场经济体制的改革中不可缺少的步骤，也是推动农民工创业的重要措施。农民工创业过程中，包括农民工家属融入城市社会生活的体制障碍都将在城乡二元户籍制度改革后消失。

怎样在大城市，尤其是特大型城市中实行户籍一元化？已试验这一改革并取得成功经验的特大型城市所采取的是“积分制”。具体地说，就是把进入这些城市务工的农民在本市务工的工龄、学历、务工期间的工作表现、获得奖励的记录等，一律折算为积分。积分达到标准，就可以转为城市户籍。如果积分还不够，可以再等待一些时候，届时就可以转为城市户籍了。这就使进城务工的农民工及其家属安下心来，不至于转到其他城市去。

至于广大农村中的农民如何纳入城乡户籍一元化的道路呢？办法是先建设新农村，务使公共服务到位，并积极推进城乡社会保障一元化，使新农村向新社区转变。城乡户籍一元化的顺势推进也就成为“水到渠成”的事情。也就是说，户籍一元化将采取分区推进的做法，不要急于求成，而要循序渐进。

在分区推进的过程中，城乡户籍一元化进程虽然从速度上看是慢了一些，但这是一种稳妥的做法，否则会“煮成夹生饭”，后遗症往往难以避免，以后长时间内还会“补课”，甚至“返工”。

通过城乡户籍一元化的改革，对农村、农业、农民都会有深刻的影响。

从农村来看，一个最明显的变化是：从体制上说，城乡隔绝的体制障碍消失了。农民已经不再被认为是“二等公民”，城乡居民在体制上处于同等地位，有相同的权利，包括社会流动的权利、社会保障的权利、受教育的权利、就业的权利等。从体制本身来看，农村的建制被改为新社区建制，从而也同城市中的社区处于相同的地位了。

从农业来看，综合土地确权工作的实施和土地流转的推行，中国的广大农村，包括广大牧区都在循着农业产业化、农业现代化、牧业产业化、牧业现代化的道路前进。农民牧民的收入将在这一过程中逐步增加。

从农民方面来看，城乡户籍一元化实行以后，农民可以切身感受到的将是：农民是一种职业而不再是一种身份。过去，在城乡二元户籍制度下,农民及其家属无疑是一种身份,如果他想转变为城市户籍,十分困难。考进大学或中专,毕业后分配在城市工作,这可能是途径之一。参军后升为军官,以后又转业到政府机关,可能也是一条途径。总之,要改变农民的农村户籍是很不容易的。现在,城乡二元户籍制度改革之后,农民不再是一种身份,而是一种职业。换句话说,城乡户籍一元化之后,愿意继续从事农业或牧业、养殖业的就是职业农民。职业农民的范围是相当广泛的,有家庭种植场主、家庭林场主、家庭牧场主,还有家庭养殖场主。家庭养殖场和家庭种植场的范围也是广泛的。种植什么?包括谷类、玉米、薯类、蔬菜、菌类、花卉、水果等。养殖什么?包括鸡、鸭、鹅、猪、牛、羊、马,还可能有鱼、虾、蟹或其他。可以把这些家庭种植场、家庭林场、家庭牧场、家庭养殖场统称为家庭农场。场主当然是职业农民,家庭农场雇用的农业劳动者同样是职业农民。至于为家庭农场提供农业机械、化肥、农药、塑料大棚设施的企业及其员工,也可以列为职业农民,或涉农企业的工作者。

最后,还应当说明一点,长期以来,农民之所以受到城市居民的“歧视”,不仅因为他们是农村户籍,融不进城市,而且还因为农民收入低、穷困。城乡户籍一元化以后,户籍上的歧视消失了,而且土地确权后农民有了财产权,有了财产性收入,再加上农业产业化使农民收入增加了,这样,农民就不再受歧视了。

这就是农民职业化的含义。

六、在中国,“农民工”将成为一个经济史上的名词

这是一个有关中国农村、农业和农民前景展望的问题。根据中国的国情,目前看来,在全国人口总量之中,农民人数比重过大了,这同西方发达国家相比,存在着相当大的差距。也就是说,在美国,20 世纪 90 年代,农、林、渔等部门就业人数约占总就业人口的 4%;

此后这个比例一直在下降，这表明了美国自 20 世纪 90 年代以后农业劳动生产率在继续提高。西欧国家也是类似情况。然而在中国，农村的总人口虽然自 2000 年以来历年都在减少，但农村从业人员的减少都是缓慢的。到 2010 年，农村总人口据统计为 6.71 亿人，农村从业人员仍有 4.14 亿之多〔1〕。这意味着农业的劳动生产率有必要大力提高。

怎样提高农业劳动生产率？最重要的措施是以下四项：

一是土地确权，使农民的积极性上升，让安心从事农业生产的家庭农场主的效率提高，收入增加。

二是在加快农业产业化、农业现代化的过程中，发展为家庭农场供给良种、优质肥料和农药，以及提供机械（拖拉机、播种机、插秧机、收割机等机械）的支农企业。

三是在政府引领下为土地质量的改善和水利设施的完善，以及农村道路的修建投入较多的资金，以便粮食和其他农作物、饲养业产品既能增产，又便于运销。

四是扩大农场规模，或进一步推进土地流转，使农业呈现规模经济的优势，在组织形式上也应根据各地的情况，或健全、扩充农民合作组织，或帮助家庭农场融资，使它们有更大的发展，或促进务农企业同家庭农场或农民合作组织协作，以提高效率。

怎样使农民或农业从业人员不断减少？最重要的措施是大力推进城镇化，鼓励愿意进城工作和生活的农民进城。

在城乡户籍一元化逐步推进的前提下，城镇化势必转入一个新阶段。城镇化应“以人为本”，也就是说，让农民中自愿进城从事手工业生产或自愿开办小微企业的人，包括原来就多年外出务工的返乡农民工，作出选择，愿工则工，愿商则商，听其自愿。但城镇必须

---

〔1〕 张思平：《中国改革报告：2015 年》，深圳创新发展研究院 2016 年版，第 134—135 页。

成为适合人们居住的地方,棚户区拆迁、改造,古迹、人文景观保护好,医疗、教育、养老、就业等工作也应相继跟上去。

一旦农民进了城镇工作和生活,他们就不再是农业从业人员,他们就同城镇居民融合在一起了。城镇必然成为这些新迁入的居民的安居乐业的居住区。他们是否在原来的农村保留自己的老家,悉听他们的安排,不强迫一致。也许存在如下的情况:即农民还是农民,在家乡经营农、牧、林业,老人孩子都进了城,主要是为了孩子上学,为了老人便于照顾孙辈,老人自己看病、保健也方便。我们在内蒙古通辽市扎鲁特旗所看到的就是这种新情况。

那么,到那时是不是还会有"农民工"?对这种情况,可以从下述两方面进行分析:

一方面,既然城乡二元户籍制度已经逐步转变为城乡户籍一元化了,农民只是一种职业而不再是一种身份,那么流行多年的"农民工"这一称呼也就失去了体制的依据。返回老家创业的农民愿意迁入城镇居住和工作的,不管他们从事什么职业,都不应再以"农民工"的名义来称呼他们。也就是说,一种体制(城乡二元户籍制度)已经消失,"农民工"这个名称也就成为历史,供经济史研究者去研究。

另一方面,既然土地已经确权,土地流转已经流行,特别是外出务工、外出经营手工业和商业的农民已经越来越向往更多的收入,所以也有一些仍然留在农村种地的青年农民,仍会产生外出闯荡的想法。他们认为,只有离开老家,才能实现自己的创业愿望,他们会外出寻找同乡和亲朋好友,由他们介绍工作。如果他们确有些本事,为人又有诚信,外出以后仍会在城市环境中成长起来的。也就是说,他们仍会像他们父兄辈那样靠自己的努力,成为创业者。但时代变了,他们不再被城市中的人称作"农民工",因为这种称呼已经过时,也没有人再使用了。他们是新进入城市的居民,同达到工作年龄的城镇居民没有什么区别。

从上述这两个方面来看,农村中的从业人员继续在农业中干活的,会日益减少,这是符合城镇化的走向的。但他们不是转变为“农民工”,而是转变为新城市居民。严格地说,继续从农村进入城市,从事工业和服务业工作的农民,不仅不再被人们看成是“农民工”,他们自己也不这么看。他们是正在形成中的“蓝领中产阶级”的一分子。

在这里特别要提到,要关心以往这些年跟随父母进城的“农民工二代”孩子,他们从小在城市中长大,但却受到不公平的待遇。虽然这已经是过去的事情,但仍需要他们朝前看:一个人的前途完全依靠自己的努力。要鼓励他们适应城镇化,适应市场化,成为新一代的创业者。

今天的中国正在悄悄地进行一场人力资本的革命,主力就是农民。不管他们是不是外出而返回家乡的“城归”,也不管他们是不是继续务农的农民,他们已经懂得了学知识、学技术、交朋友、闯市场的深远意义。中国的人力资源已经耗尽了吗?中国农村不再有“人口红利”了吗?这显然是不符实际的。今天,凡是深入农村考察的、调研的人都能看到中国人力资源的潜力正在发生巨大的变化,世界上最大的“新人口红利”正在中国涌现!

返乡农民工选择何种土地流转方式才能更好地促进农民增收：基于聊城市数据案例分析

一、引言

2008年金融危机伊始，随着沿海地区农民工工资的上涨，部分企业正迁往中国内地或者东南亚抑或非洲地区，农民工正在由原来的“孔雀东南飞”向“春暖燕回巢”转变，例如四川省从2013年开始农民工返乡创业人数逐年增加，2015年达到28.43万人。江西省2015年监测调查结果显示，在外省就业的农民工66.5%有回省愿望，实际回流19.4%，共105.5万人，其中4.1万人选择自主创业。据有关部门对192个县的典型调查，1个返乡创业者可以带动近4万人就业。而同时外出农民工数量增长逐年下降，例如，2015年农民工总量2.77亿人，比上年增长352万人，其中，外出农民工1.69亿人，比上年仅增加63万人，增长0.4%。2016年农民工总量2.82亿人，比上年增长424万人，其中，外出农民工比上年仅增加53万人，增长0.3%，本地农民工增加374万人，增长3.4%。对于农民工创业，地方政府提出要像当年扶持乡镇企业一样，支持农村新产业新业态的发展，牢固抓"归雁经济"，像当年吸引外商侨资一样培育"返乡创客"，营造浓厚的返乡创业氛围，破解返乡农民工创业产业和新产业业态发展的突出瓶颈（厉以宁，2013）。返乡农民工可以利用农村土地流转的政策，可以采用租赁制的方式进行流转土地，亦可以利用合作社流转土地，在这种土地流转过程中既能够创业以促进自身的收入增加，也可以促进农民增收（厉以宁，2014）。对于农民工返乡创业后选择何种土地流转方式更能促进农民增收，即为本文探讨的方向。

现阶段，中国细碎化的农地和低效率的农村经济阻碍了农业规模经济，为实现城乡统筹发展的目标，中国各地根据本地区的情况和自身的发展条件探索了不同的土地流转方式而形成了各具特色的土地流转模式（程志强，2011）。但是土地换保障类型的土地流转方式较难推广，因为该方式的推行要求地方财力雄厚，而且需要较高的城镇化水平。土地股份制形式比较适合发达地区和大中型城市，但是存在较难确定股金和非粮化倾向。同时，种粮大户有利于提高粮食生产效率和粮食产量，但是较难签订长期的合同。农村"土地信用社"、"土地信托"对于遏制撂荒现象、土地流转的正规化和农民增收具有积极的意义，但其本质仅仅为一个中介组织，难以真正发挥金融的作用，这在一定程度上也难以持续发展（李超，2015；赵秋运，2016）。虽然各种土地流转模式具有差异化和多样化，但其本质为农地租赁制流转和农地股份合作制流转的不同变体或组合（程志强，2012）。而要分析不同土地流转模式对农民增收的影响,需要从本质上了解农地租赁制流转与农地股份合作制流转对农民增收的理论机制。

二、农地租赁制流转与农民增收——以聊城市肖家庄镇、闫寺街道以及北城街道为例

为了能够全方位发掘聊城市农地租赁制流转的异同之处,调查采取随机抽样的方法选取三个镇(街道)。然后从每个镇选取一个样本村。也即分别从茌平县肖家庄镇、东昌府区闫寺街道以及开发区北城街道各选取一个样本区域,分别为肖家庄镇小高村、闫寺街道冯庄村以及北城街道小瓜元村。我们主要采用农户直接访谈与问卷调研结合的方式,累计发放问卷 1 000 份,回收问卷 920 份。

肖家庄镇位于聊城市茌平县偏西 17 公里左右,拥有 28 个行政村,大约有 55.49 平方公里土地。2012 年以来,肖家庄镇积极探索"土地合并、土地流转、产业规划"三位一体的田庄土地集约利用新模式。小高村位于肖家庄镇西北部,该村打破了过去传统的一家多块、分散小块的土地种植模式,取而代之以一家一块、小块变大块、多块变一块模式。实施这种土地利用模式,不但增加了耕地总面积,便于产业集中发展和土地集中流转,还形成了农业规模化经营,在一定程度上提高了农户收入。东昌府区位于聊城市区东部,为聊城市辖区,总面积 829 平方公里。2016 年总人口约为 83 万,占聊城市人口的 13.3%。东昌府区交通便利,多条高速公路穿城而过,形成交通枢纽。2015 年底东昌府区农户家庭总收入的 46.22%来自种植业,其中种植业收入的 48.43%来自粮食生产,是农户家庭总收入的主要来源。蔬菜是东昌府区重点发展的农业,通过信息网络和网上销售,在一定程度上提高了东昌府区蔬菜生产的规模化和产业化。

就掌握的调研数据而言,2016 年中旬在所调查的农户样本中,

肖家庄镇、闫寺街道和北城街道三个地区的土地流转面积分别为3 000亩、3 500亩和4 000亩，分别占耕地面积的65%、67%和71%。其中参与土地流转的有756份(其中5户既有土地租出又有租入)，占样本总量的82.174%。土地流入共计117户，约占总样本总量的12.717%。土地租出农户为639户，占样本总量的69.457%(见表8-1)。在所调查样本中共计169户既无转出又无转入。

表8-1　肖家庄镇、闫寺街道和北城街道土地流转情况比较

项目	类型	肖家庄镇		闫寺街道		北城街道	
		频度	百分比	频度	百分比	频度	百分比
转出规模	参与农户	210	1	246	1	183	1
	10亩以下	115	0.548	123	0.5	84	0.459
	10—20亩	63	0.300	66	0.268	61	0.333
	20—50亩	22	0.105	33	0.134	31	0.169
	50—100亩	7	0.033	19	0.077	5	0.027
	100亩以上	3	0.014	5	0.020	2	0.011
转入规模	参与农户	54	1	36	1	27	1
	10亩以下	23	0.426	13	0.361	16	0.593
	10—20亩	5	0.093	11	0.306	9	0.333
	20—50亩	20	0.370	6	0.167	1	0.037
	50—100亩	2	0.037	0	0.000	1	0.037
	100亩以上	4	0.074	6	0.167	0	0.000

资料来源：根据调研数据计算所得。

对于分地区样本而言，其一，关于三个地区的土地流出。肖家庄镇的参与农户为210户，10亩以下的农户比例为54.8%，在三个地区中为最高；闫寺街道的土地流转行为较为普遍，参与农户较多，其中50—100亩的农户比例为三个地区中最高，为7.7%。北城街道中10—20亩的农户比例为三个地区中最高，为33.3%，而且20—50亩的农户比例亦为三个地区中最高，为16.9%。其二，关于三个地区的土地流入。肖家庄镇进行土地租入的农户为54户。其中

20—50 亩的农户比例为 37%,其为三个地区中最高者。北城街道 10 亩以下的农户比例为三个地区中最高,为 59.3%,同时,10—20 亩的农户比例亦为三个地区中最高,为 33.3%。而闫寺街道农户土地租入比例居二者中间。

三、农地股份合作制流转与农民增收——以聊城市茌平县耿店村为例

绿冠蔬菜农地股份合作社(亦名茌平县绿冠蔬菜农民专业合作社,下同)是由耿遵珠、耿传喜等牵头成立的,本合作社是为了推动贾寨镇蔬菜种植业发展于 2008 年 8 月成立的,遵循了“民办、民管、民受益”的原则。此合作社包括农户 92 户,筹集资金 32 万元。2015 年,绿冠蔬菜农地股份合作社入社会员达 300 多户,共计参与农户 6 000 多户,融资 800 万元,种植蔬菜面积逾万亩。而且建立了一系列与之配套的设施:蔬菜批发市场、精包装加工厂、蔬菜低温冷藏库、蔬菜育苗场、高标准育苗基地等(见图 8-1)。绿冠蔬菜农地股份合作社实行社员民主代表大会,由社员共同民主管理。2010 年高标准育苗基地通过“茌星”牌绿色蔬菜进入聊城市各大超市,积极实现“农超对接”,在一定程度上促进了农民增收;2013 年投资 100 多万元建设耿店生态体验馆,大力发展生态休闲采摘旅游业。

绿冠蔬菜农地股份合作社管理主要是一条龙服务,主要通过社员民主大会进行决策,包括蔬菜种子的采购、蔬菜的种植、蔬菜的加工、蔬菜的运输、蔬菜的储藏、蔬菜的销售以及与此相关的蔬菜种植技术等服务。对于蔬菜的正常经营,绿冠蔬菜农地股份合作社还制定了一系列的生产基地管理、生产操作规范等制度,从而强有力地维护了合作社的顺利运营。而且合作社的管理注重科技推广,保障服务,积极构建全方位的综合配套服务,将后续服务贯穿至采购到销售的各个后续环节,将科技应用至每一个环节。同时,合作社经

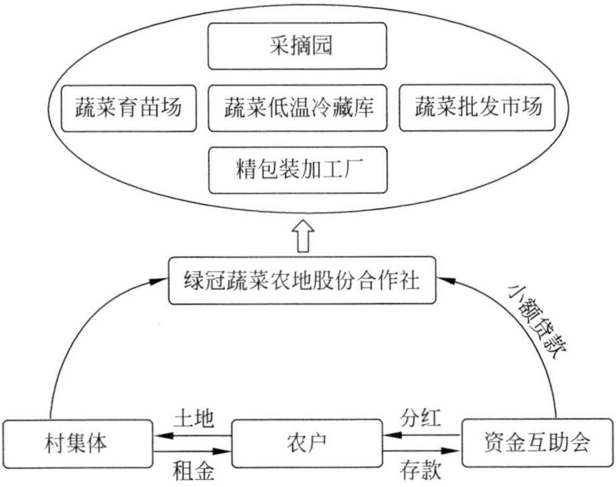

图8-1　绿冠蔬菜农地股份合作社运营示意图

常聘请国内外的蔬菜种植和育苗专家,加强对农民的技术培训和指导,整体上提高了蔬菜的种植科技水平。而且,合作社还积极改善产品质量,开拓销售市场。先后制定了从采购到销售的管理制度,并要求农户严格遵守,这就从根本上提高了蔬菜质量。而且加强了销售团队的建设,积极拓展省内外销售业务,畅通蔬菜销售渠道。

耿店村能够创造出如此好的经济效益,主要得益于社区股份合作社和农地股份合作社。农户家庭能够从合作社中获得土地租金收入和股本分红。农民主要把耕地出租给村集体,村集体然后将农地租借给绿冠蔬菜农地股份合作社。农户家庭总收入主要以土地租金和股本分红的形式获得。其中分红的一部分除了来自土地入股收入外,另外一部分来自资金互助会。资金互助会建立于2012年,其目的是为了扩大蔬菜大棚规模,延伸资金和产业链。按照自愿原则将农户的自有资金以储蓄存款的形式入会,入股农户可以获得社员股金证,存款利率为6厘,最高贷款利率为1分,主要为入股农户提供储蓄存款与小额贷款业务,在一定程度上破解了资金难的问题。而且,如果资金互助会会员需要的贷款多于本人的股金证,则可以借其他社员股金证作为抵押。加入资金互助会的成员需要签订协议书。协议书明确规定贷款到期时需要本金和利息一次还清;假如未能如期还款,则股金证作废。这种资金互助社大大简化了繁琐的审批环节,使得贷款更为快捷和简单,这在一定程度上解决了农民融资难和融资贵的问题,也将农民的死钱变为活钱,大大提高了农民的资金利用率。这一资金互助方式既能够使“死钱”变“活钱”,又能够降低社员之间互借资金的交易成本,提高了闲散资金的利用效率。2015 年底,资金互助社累计返利股本分红 2.8 万元,扩大了农户家庭总收入的结构性来源内容。

四、农民专业合作社流转与农民增收——以聊城市冠县张洼村为例

山东省冠县合顺渔业农民专业合作社,占地 2 100 亩。截至 2015 年底,合作社固定资产 7 416 万元,销售收入 8 000 余万元,实现年利润 1 000 余万元。合作社由鱼饲料采购加工、鱼种繁育、成品鱼群养殖、鱼产品深加工等多个鱼养殖区组成。主要养殖罗非鱼、湘鲫等鱼种。鱼产品销售前景较好,南销上海,北销东北等地区。合顺渔业农民专业合作社曾获多项国家级、省级以及国家部委荣誉称号,而且多次获得专业合作社示范区、专业合作社养殖示范基地、养殖示范场、循环经济示范区等称号。2014 年遴选为“山东省循环经济示范企业”。尤其在循环经济方面,逐步形成从育苗到孵化育苗,再到成鱼以及鱼产品深加工等环节,节节衔接,环环相扣,基本实现了资源再利用和生态再循环,最终达到污水零排放和零污染(见图 8-2)。

2014 年合顺渔业农民专业合作社租入冠县定远寨镇张洼等 4 个村的 1 320 亩地,用于开发新型农业和建设渔业科技示范园。在合顺渔业农民专业合作社建立初期,张洼村村集体先统一将耕地租回,然后再将农地统一租给合顺渔业农民专业合作社,租赁期

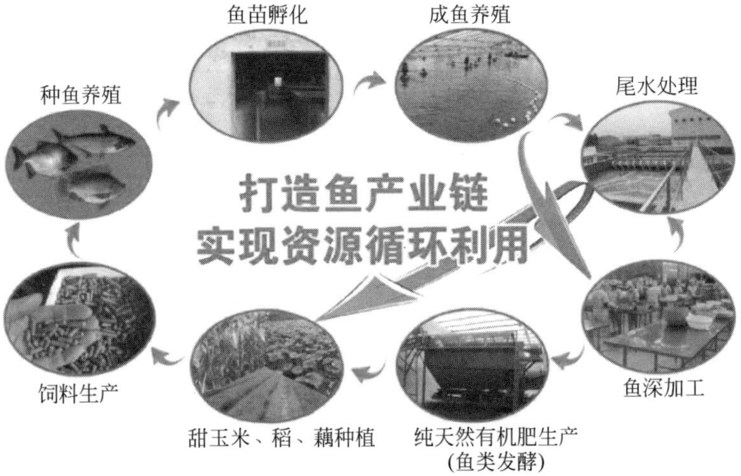

图 8-2　合顺渔业农民专业合作社循环经济链条图

50 年,农户主要从中间收取租金,租金暂时价格为每亩年均 1 500 元,但是土地租金价格随定远寨镇工业园区租赁土地价格而变动。每年 10 月份支付下年度租金。为了提高农户家庭总收入,合顺渔业农民专业合作社优先雇用本村村民,这样张洼村村民就可以获得一定的工资性收入(如图 8-3 所示)。我们在调研中发现,为了确保本村村民的福利,合顺渔业农民专业合作社基本拒绝雇用外村或外地的劳动力,尽可能将福利惠及于本村农民。此外,每年村集体会将一部分补贴转移给农户。

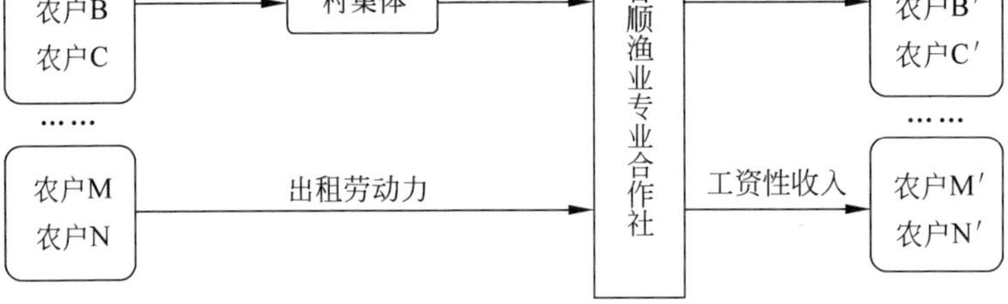

图 8-3　合顺渔业农民专业合作社(张洼村)土地流转示意图

五、两种土地流转方式对农民增收的影响对比分析

从前文对农户家庭总收入结构性来源的情况调查可知,土地流转会对农户家庭总收入提高产生影响,并且不同流转方式影响途径并不相同。本部分将对农地租赁制流转和农地股份合作制流转这两种土地流转方式对农民增收的影响进行研究。具体而言,农户土地流转后,土地流转行为直接对农户家庭总收入产生短期影响,这些影响对农户家庭总收入结构性来源产生直接效应并使之变化。

(1) 农户家庭人均总收入

从整体上看,两种土地流转模式确实都能够提高农户家庭总收入。表 8-2 显示,对于农地租赁制流转,转入农户人均总收入高于转出农户,未流转农户人均总收入在三个地区都是最低的。农地股份合作制流转中受访者人均总收入约为 18 473. 13 元,大大高于农地租赁制流转和农民专业合作社流转的农户平均收入。而且由于工资性收入较高,使得农民专业合作社农户人均总收入达 12 719. 55 元,仅次于农地股份合作制。

表 8-2 各地区农户家庭人均总收入 (单位:元)

地　　区	流转(转出)	流转(转入)	未流转
肖家庄镇	7 788. 16	7 422. 56	6 890. 00
闫寺街道	8 717. 24	9 207. 45	7 066. 94
北城街道	10 229. 26	11 224. 56	8 456. 12
耿店村(绿冠蔬菜农地股份合作社)	18 473. 13	0. 00	0. 00
张洼村(合顺渔业农民专业合作社)	12 719. 55	0. 00	0. 00

资料来源:根据调研数据计算所得。

对比两种流转方式的农户家庭人均总收入,不难发现也存在一定的收入差距。其原因有以下三点:其一,区域经济差异。农地股

份合作制处于经济发达的茌平县,其整体收入水平较高,而农地租赁制流转选取样本点遍布各市,与茌平县相比,自然存在一定差距;其二,财产性收入差异。财产性收入较高为农地股份合作制收入高于农地租赁制流转另一个原因。与农地租赁制流转和未流转农户人均财产性收入相比,农地股份合作制农户会明显高出较多,这也是不同流转方式所带来的影响;其三,生产技术与效率差异。从耿店村绿冠蔬菜农地股份合作社发现,本地特色蔬菜的种植一直精耕细作,技术效率较高,耿店村农户人均收入达18 473.13元,高于张洼村农户收入,即使与茌平县肖家庄镇的小高村相比较,亦具有一定优势。

(2)工资性收入

如表8-3所示,农地租赁制流转、农民专业合作社和农地股份合作制流转的农户家庭人均工资性收入高于未参与土地流转农户家庭的人均工资性收入。而且工资性收入的提高主要源于农户从事非农工作。根据实地调研发现,绝大部分农户是兼业农户,真正意义的纯农户并不多。因此在土地流转前,大部分农户已经从事非农工作,并获得一定的工资性收入,如表8-3所示,这三个地区即使未流转土地的农户家庭总收入结构性来源中也包括工资性收入。工资性收入的提高由多方面因素造成。由三地调研数据可以看出,

表8-3 各地区农户工资性收入 (单位:元)

地　　区	流转(转出)	流转(转入)	未流转
肖家庄镇	4 005.00	3 847.60	3 988.40
闫寺街道	6 233.33	5 981.00	5 690.31
北城街道	4 772.22	4 100.98	409.21
耿店村(绿冠蔬菜农地股份合作社)	7 879.63	0.00	0.00
张洼村(合顺渔业农民专业合作社)	8 823.53	0.00	0.00

资料来源:根据调研数据计算所得。

转出农户人均工资性收入最高，其次是未流转农户，最后为转入农地农户。土地流转影响工资性收入原因可能有以下几点：

其一，劳动力分配。农户家庭的劳动力总是有限的，如果同时从事非农就业和农业生产的话，必然会分散劳动力分配。在农地有限的情况下，农户必须保留一定的劳动力以便经营农地，因而非农就业劳动力相对减少。由于非农就业产出高于农业产出，土地流转有利于农户剩余劳动力的释放和农民增收，因此转出农户相比其他两类农户，农户家庭人均工资性收入较高。

其二，务工范围。我们在调研时发现，经济发展状况与工资高低密切相关，其中茌平县工资水平明显高于其他市县。因此对于农户务工而言，去茌平县务工是最为经济的，因为同样的时间可以得到更多的收入。但调研时发现不少农户由于家中仍有农地无法离开，因此放弃去高工资性收入地区工作，非农就业地点一般就选在附近城镇。而转出农户没有农地的束缚，可以到工资较高的地区就业。

从表 8-3 中还可以得出，农地股份合作制流转和农民专业合作社流转农户人均工资性收入明显高于农地租赁制流转农户，主要原因有以下几点：

其一，土地流转差异。农地股份合作制流转和农民专业合作社流转主要是在村集体干预下有计划地集中流转。在调研时我们发现不少农户流转受周围农户的影响，被气氛所带动而流转（占比 89.77%），最后整村基本全部流转农地。这种从众流转心理间接地让农户转出农地，进而提高了农户人均工资性收入。农地租赁制流转农户彼此间并不存在此种情况，流转基本上为私下协商自发流转。

其二，岗位供给差异。农地股份合作制流转和农民专业合作社流转农户面临着比农地租赁制流转更好的岗位供给环境。耿店村绿冠蔬菜农地股份合作社和合顺渔业农民专业合作社在招聘劳动力时优先雇用当地居民(即社员)。当地厂家工资水平在 7 000—8 000 元时,很大程度上提高了农户工资性收入。同时合作社的日常维护和管理,也同样雇用当地居民,使得居民就业率大大提高,因此在当地即使 60 岁出头的老人,依然能够找到不错的工作。但是农地租赁制流转农户就没有这样的岗位供给,农户需要自己找工作,且工资水平无法保证。另一方面,超过 60 岁的年长者很难找到合适工作,大部分都赋闲在家,无法获得工资性收入。

其三,工作培训差异。农地股份合作制和农民专业合作社农户土地流转后,从事非农工作前接受一定的技术培训,这为农户寻找到收入较高的工作而提供了一定的条件和基础,相比普通农户将更有优势。农地租赁制流转农户都是自发行为,一般没有特殊技能,在寻找工作时选择面较窄,而且工资性收入较低。

(3) 家庭经营性收入

如表 8-4 所示,不同土地流转方式使得家庭经营性收入出现差异性变化。农地股份合作制流转地区,接近 98%的农户将土地全部流转,完全失去家庭经营性收入。由于缺少了农业收入,家庭经营性收入大幅减少,仅从农户收入角度出发,农地股份合作社流转农户家庭经营性收入低于农地租赁制流转。对于农地租赁制流转,转入农户由于农地的租入,经营面积增加,家庭经营性收入也增加。其中北城街道的土地租入农户最高,户均经营面积达 21. 6 亩,远远高于当地户均 13. 23 亩的水平。家庭经营性收入排名第二的为闫寺街道土地流入农户,最后是肖家庄镇土地流入的农户。以上地区农地经营面积的差异是造成家庭经营性收入差异的主要原因。但是耿店村绿冠蔬菜农地股份合作社流转情况则有所不同。其土地基本上流转到合作社,目的是种植特色蔬菜,所以家庭经营性收入中农业收入大幅下降,为 283. 85 元,远低于其他类型的农户,但是,其他收入却相对较高。在其他收入方面,各地区不同类型农户彼此存在差异,差距较为明显。

表 8-4 各地区农户家庭经营性收入 （单位：元）

地　区	家庭经营性收入	流转（转出）	流转（转入）	未流转
肖家庄镇	农业收入	1 770.01	2 409.41	1 852.90
	其他收入	786.40	180.22	199.51
闫寺街道	农业收入	1 676.69	2 602.45	861.90
	其他收入	187.34	199.01	254.90
北城街道	农业收入	2 033.61	5 390.07	1 097.31
	其他收入	1 202.78	1 136.49	6 701.57
耿店村（绿冠蔬菜农地股份合作社）	农业收入	283.85	0.00	0.00
	其他收入	1 015.73	0.00	0.00
张洼村（合顺渔业农民专业合作社）	农业收入	279.38	0.00	0.00
	其他收入	970.59	0.00	0.00

资料来源：根据调研数据计算所得。

根据上述分析，可以看出两种土地流转方式在对农户家庭总收入结构性来源的影响存在一定差异：

其一，作物种植品种具有差异性。耿店村绿冠蔬菜农地股份合作社流转以种植特色蔬菜等经济作物为主，而普通未流转农户主要种植粮食作物，而且比例较少。耿店村绿冠蔬菜农地股份合作社则是其市场运作中的重要一环，由于拥有较为健全的销售、供给渠道，因此能够获得一个较为稳定的预期收益。耿店村绿冠蔬菜农地股份合作社由政府和集体开辟销售渠道，使得农户无后顾之忧，安心种植高产值作物。农地股份合作制流转有利于经营者规避风险，也利于经营高产值农产品，提高农业产值。

其二，农地经营效率具有差异性。耿店村绿冠蔬菜农地股份合作制流转农户具有较好的经济基础和丰富的市场经验，对于农地投资多为长期投资，重视对农地进行系统投资，以期获得长期渐进的收益。耿店村绿冠蔬菜农地股份合作社代替农户对土地进行科技、技术、资金投资，解决农户缺乏资金而无法实现的技术投资，最终提高了农地集约经营的能力。张洼村合顺渔业农民专业合作社以养殖为主,具有特殊的销售渠道,收入提高较多。反观农地租赁制流转,无论是种田大户还是普通租赁者,在农地租入后并没有进行相应的技术投资,收入提高主要是依靠单纯扩大生产规模,并没有出现预期的农地集约和规模效益,农地潜力没有充分挖掘。

其三,农地经营投入具有差异性。耿店村绿冠蔬菜农地股份合作社和张洼村合顺渔业农民专业合作社流转后对农地经营投资较多:一方面来自合作社,另一方面来自租赁企业,还有政府相关投资。耿店村绿冠蔬菜农地股份合作社多次邀请专家进行培训,对农地生产条件和技术升级大约共投入百余万元。张洼村合顺渔业农民专业合作社更加注重专业化经营投入,资金主要来自于合作社和政府投资。农地的生产条件和生产效率在投资后得到了较大改善和提高,为农民增收打下基础。但是农地租赁制流转农户对租入农地基本不进行再投入,生产技术和条件改善不明显。在农地股份合作制与农民专业合作社流转情况下,农地生产经营效率有了质的改变,向稳步、渐进的集约型和规模化发展,有利于农业的长期健康发展和保护农民利益。

(4) 财产性收入

本文将财产性收入划分为土地租金收入、股本分红收入和其他财产性收入三个部分。调研时发现,许多农户并非都拥有这三类收入,其具体情况如表 8-5。

表 8-5　各类农户财产性收入来源情况变动表

项　　目	土地租金收入	股本分红收入	其他财产收入
未流转农户	0.00	0.00	↑
农地租赁制转出农户	↑	0.00	↑
农地租赁制转入农户	↓	0.00	↑
农地股份合作制农户	↑	↑	↑
农民专业合作社农户	↑	0.00	↑

注:"↑"表示此类收入为正,"0"表示不存在此类收入,"↓"此类收入为负。

未流转农户只有其他财产性收入一项收入来源。农地租赁制转出农户的财产性收入来源为土地租金收入和其他财产收入。农地租赁制转入农户有其他财产性收入,同时由于其租入农地,因此该类农户还需要支付土地租金。农民专业合作社流转农户在转入、转出农户的财产性收入情况与农地租赁制流转农户基本一致。农地股份合作制农户的财产性收入来源最广,而且土地租金收入、股本分红收入和其他财产收入三类收入同时存在。

表 8-6 各地区农户人均财产性收入比较 (单位:元)

地　　区	财产性收入	流转(转出)	流转(转入)	未流转
肖家庄镇	土地租金收入	375.75	0.00	0.00
	股本分红	0.00	0.00	0.00
	其他财产收入	226.00	274.13	196.19
闫寺街道	土地租金收入	318.90	0.00	0.00
	股本分红	0.00	0.00	0.00
	其他财产收入	0.00	0.00	0.00
北城街道	土地租金收入	1 498.15	0.00	0.00
	股本分红	92.59	0.00	0.00
	其他财产收入	413.89	200.76	56.81
耿店村(绿冠蔬菜农地股份合作社)	土地租金收入	2 147.04	0.00	0.00
	股本分红	5 621.92	0.00	0.00
	其他财产收入	162.50	0.00	0.00
张洼村(合顺渔业农民专业合作社)	土地租金收入	1 850.00	0.00	0.00
	股本分红	0.00	0.00	0.00
	其他财产收入	352.94	0.00	0.00

资料来源:根据调研数据计算所得。

农户家庭总收入结构性来源的不同导致了农户在财产性收入上具有较大差异性,如表 8-6 所示。对于各种类型农户而言,农地资源仍是财产性收入最主要的来源,因此土地租金影响着农户财产性收入的多少。农地股份合作制流转中的股本分红收入,也是农户家庭总收入的重要组成部分。通过比较不难发现,在对财产性收入

影响方面,农地股份合作制流转相比农地租赁制流转具有较大优势。主要原因有以下几点:

其一,收入渠道差异。农地股份合作制流转与农地租赁制流转相比,前者土地流转之后农户家庭总收入结构性来源中增加了股本分红收入。耿店村绿冠蔬菜农地股份合作制流转采用的是股份合作社经营模式,农民利用股权集体管理、经营合作社,享受经营增值带来的收益。如案例所示,农户每年可以从资金互助社里面获得一定的股本红利,每年人均分红 1 000 元左右,并且根据经营状况作出相应调整。对于农地租赁制流转,农户仅是将农地对外租赁以获取土地租金收入,而对农地的增值收益并不享有分享权力。

其二,土地租金收入差异。农地股份合作制流转与农地租赁制流转比较而言,前者土地流转之后农户家庭总收入结构性来源中的土地租金收入更高。耿店村农户每亩租金为 1 800 元左右,张洼村每户为 1 500 元;农地租赁制流转地区,土地租金最高为北城街道 1 000 元/亩。农民专业合作社条件下,土地租金由专业合作社出面与企业洽谈,这使得农户获得更高土地租金的能力和基础;一方面企业种植高附加值经济作物,有能力支付较高土地租金。农地租赁制流转的土地租金主要由出租农户和承租人洽谈,农户拥有的谈判条件匮乏,无能力要求高土地租金;另一方面承租对象多种植附加产值较低的粮食作物,也无法承担较高土地租金,调查中肖家庄镇承包户主要以种植粮食为主,每亩土地租金仅为 800 元。

其三,收入增长差异。我们通过对农地租赁制流转农户调研发现,土地租金在租期内基本不变,即使变化也是随粮食市场价格变化而变化,并不会因为社会经济等原因影响而改变,因而在物价上涨形势下,租赁农户存在着损失风险。耿店村绿冠蔬菜农地股份合作社支付给农户的土地租金会随着社会经济外部环境而变化,已从刚建立时的 800 元/亩增加至 1 800 元/亩,这保证了农户长期利益。同时股本分红收入也会随着农地股份合作社经营情况而提高比例。

张洼村合顺渔业农民专业合作社流转土地租金也定期随市场上涨，从最初的100元/亩上涨到1 500元/亩。

其四，流转年限差异。农地租赁制流转年限较短，一般为5至10年，最短年限为1年。对于承租者而言，签订短期租赁合同时不愿意过多投入，这造成农业生产技术和效率较低的现状。租出农户出于以下两方面考虑：一方面，如不能继续非农就业，务农还能为其提供基本生活保障；另一方面，每年土地租金也有一定的增长，一个固定的租金水平会使其经济利益受到损失。耿店村由于基础设施等都由合作社投资，因此租期长短的影响并不大。总之，从调研数据和实际情况看，农地股份合作制流转与农民专业合作社流转相比而言，前者的财产性收入增长的收入提升效应较大且具有长期性。

（5）转移性收入

据我们实地调研发现，农户转移性收入主要包括两大部分：补贴和其他转移性收入。农户最稳定的长期补贴就是农业种植补贴。农地转入农户由于经营面积较多的土地，补贴收入较多，从表8-7中也能看出农地转入农户转移性收入高于其他农户，其次是未流转农户，再次是农地转出农户。耿店村绿冠蔬菜农地股份合作社和张洼村合顺渔业农民专业合作社流转农户的补贴主要有两部分：一部分是政府给予合作社的补贴，合作社用于渔业设施配套；另一部分，合作社根据盈利状况，给予农户一定的实物补贴。其他转移性收入主要是农村养老保险。其中最高的是农地股份合作制流转农户，每年人均达350元左右，农村养老保险金主要与各地政府经济基础有关，经济发达地区政府转移性支付较多。同时耿店村集体给予一定的补贴。考虑到养老金支付额度是由政府调控，其差距无法依靠农户个人行为改变。就农地租赁制流转和农地股份合作制流转而言，前者更有利于农户转移性收入提高，也在一定程度上扩大了农户家庭总收入结构性来源内容，也即农地耕种补贴，其在一定程度上促进了农民增收。

表8-7　各地区农户转移性收入比较　（单位：元）

地　　区	转移性收入	土地转出	土地转入	未流转
肖家庄镇	补贴或援助	281.90	333.19	252.79
	其他转移收入	343.10	378.01	400.21
闫寺街道	补贴或援助	112.04	201.99	120.52
	其他转移收入	188.94	223.00	139.31
北城街道	补贴或援助	78.43	189.00	90.41
	其他转移收入	137.59	207.26	100.81
耿店村（绿冠蔬菜农地股份合作社）	补贴或援助	907.25	—	—
	其他转移收入	455.21	—	—
张洼村（合顺渔业农民专业合作社）	补贴或援助	0.00	—	—
	其他转移收入	443.11	—	—

资料来源：根据调研数据计算所得。

总结上述三种土地流转方式的对比情况，可知农地股份合作制流转和农民专业合作社流转相比农地租赁制流转更有利于农户家庭短期总收入的提高。但就对农户家庭总收入结构性来源影响而言，三种流转方式表现又有所不同：农地股份合作制流转在促进农户工资性收入和财产性收入提高方面更有优势，且收入差距较大；而农地租赁制流转方式下，农户转移性收入较多，但收入差距接近。

六、小结

通过探讨返乡农民工创业利用土地所采用的差异化土地流转方式对农户家庭总收入及其结构性来源影响的研究，我们得到以下几方面的研究结论：

第一，与租赁制流转相比较，农地股份合作制流转和农民专业合作社流转更能够促使农民增收，而且农地股份合作制流转、农民专业合作社流转和农地租赁制流转对农户家庭总收入结构性来源的效应具有差异性。就长期收入而言，农地股份合作制流转和农民专业合作社流转相比农地租赁制流转更能有效地促进农民增收。

第二,农地股份合作制流转、农民专业合作社流转与农地租赁制流转对农户家庭总收入结构性来源的促进作用各有高低。在农户工资性收入与财产性收入方面,相比较农地租赁制流转,农地股份合作制流转对农民增收效果更为明显,而且对其收入的提高幅度更大。

第三,农地股份合作制流转和农民专业合作社流转更能有效地促进土地规模适度经营和提高土地生产效率,而农地租赁制流转在此方面的作用则相对较有限。在农地股份合作制流转下,由于大量资本和科技投入,农地生产集约化、规模化,农地产值大幅增加。

第四,农地股份合作制流转风险和成本高于农地租赁制流转,且成立条件较为严格。就农民增收的效果而言,农地租赁制流转低于农地股份合作制和农民专业合作社流转,而且出租期限较短、投入较少,且可以及时灵活地改变农地经营方式,尽可能地减少损失和回避风险。

劳动力市场改革与人口老龄化

一、中国老龄化已经成为值得关注的现实问题

在20世纪80—90年代，改革开放刚启动的时期，几乎所有的经济学家、社会学家和人口学家都认为中国农村有十分丰富的劳动力资源，只要充分调动农村外出务工人员，中国在工业化过程中是不会缺少劳动力的。如果按照1982年维也纳老龄化问题世界大会确定的标准，即60岁及以上老年人口占总人口比例超过总人口比10%，标志着进入了老龄化阶段，那么1982年中国老年人口

占 5%,属于成年型社会。

然而,中国老龄人口占总人口的比例增加速度是惊人的。这一方面可能是因为 1982 年老龄人口的数字在人口统计中有遗漏,另一方面,改革开放以后农村人口的医疗保健与过去相比有不少改善,所以老龄人口有可能较快的增速,从而老龄人口在人口总数的比例会有不断上升的趋势。据统计,到 1999 年,老龄人口占总人口的比例达到 10%,从此跨越了老龄化阶段。

还可以进行细分。1999 年以后,中国老龄人口不仅在总人口中的比例继续上升,而且 65 岁和 65 岁以上的人口的增速的变化更为明显。据统计,到 2015 年年底,中国 60 岁以上的老龄人口共有 2.22 亿人,占总人口的 16.1%,其中 65 岁以上的老龄人口 1.44 亿人,占总人口的 10.5%,这种增长速度是全世界少有的。

为什么中国的老龄化会以全世界少见的增速上升?经济学界、社会学界和人口学界的专家几乎全部提出,已经实行的人口政策以及由此造成的“4—2—1”家庭模式已经非改革不行。这种家庭模式已经是造成社会老龄化的祸源之一。如果不调整生育政策,无论是劳动力的供应,还是人民生活水平的提高,都难以实现,这势必成为实现小康社会的巨大阻力,而且还会影响中国的富强。人口老龄化问题已经越来越成为中国社会经济发展和社会稳定中的迫切问题。

二、中国人口老龄化的特征

中国人口老龄化的特征反映了中国当前的国情。这是研究中国人口老龄化对策措施必须考虑的问题。现从以下五个方面进行分析。

第一,中国老龄人口在总人口中的比例,农村明显高于城市。据调查,这与 20 世纪 80 年代到 21 世纪最初十多年间农村中青年纷纷外出务工有直接的关系。在一些地方,外出务工的男性中青年在工作条件和生活条件稍有改善后，就相继把配偶和子女带入城市，这样，农村中的中青年的劳动力和孩童就减少了。农村中留下的是老人，以及一部分“留守妇女”、“留守儿童”。老年人在农村中的留守人数占总人口比例显然提高[1]。

第二，按地区划分，中国东部地区的人口老龄化程度高于西部地区的人口老龄化程度。据调查，大致有以下两个主要原因，一是：东部地区，无论城镇还是农村，医疗保健条件好于西部，这就使得东部人口中老年人要比西部地区中的老年人有病早治，无病得健，从而长寿的人就较多。二是在东部地区，尽管也有中青年到西部地区去务工，但在人数上却远少于从西部到东部务工的人数。于是，一方面，形成了东部中青年劳动力人数多于西部，但另一方面，从西部到东部务工的中青年劳动者在工作条件和生活条件改善后，把家在西部的老人、配偶和孩子一起迁入东部。他在西部的老家也搬空了。我们在江苏、浙江、广东、甘肃、陕西做过调查，发现有从西部迁入东部的务工者家庭，却很少看到从东部迁入西部的务工者家庭。

第三，按性别划分，女性老龄人口的数量多于男性，这可能是一个全世界普遍存在的现状，并非只有中国如此。一个原因是男性劳动力从事体力劳动，易于受伤和发生意外事故，而且生活不规律。如果交友不慎，还会发生酗酒、赌钱、嫖娼甚至吸毒等习惯，以致老年多病，甚至早早离世，留下老伴，孤老持家。在这种情况下，女性老龄人口多于男性是可以理解的。那么，女性老龄人口多于男性有什么中国特色呢？据山西省一些市县的调查，多年以来（包括民国时期和解放前期），妇女受教育的机会是较少的，老龄妇女中不少是文盲。因此，她们很少参与社区或农村的社会活动。她们也很少参加妇女组织的活动。这和江南一带老年妇女是不一样的。

---

[1] 姜春力：“我国人口老龄化现状分析与‘十三五’时期应对战略与措施”，《全球化》2016年第8期。

第四,老龄人口健康状况,城市一般优于农村,平原地区一般优于山区,特别是优于边远山区。如果以城市大小划分的话,可以说,特大型城市的老龄人口健康状况最好,中等城市次之,小城镇老龄人口健康状况再次,但一般优于农村。而农村老龄人口的健康状况,同样要以富裕程度的差别来区分。这是可以理解的,因为这样的划分不仅与家庭收入水平和家庭所居地区的交通便利状况、就医方便状况有关,而且也和所在地点的医院、卫生所的设备状况和医护人员的技术水平有关。尽管城乡居民的收入会提高,基层的就医便利会越来越改善,但这些差别的消失却是渐进的,不是短时间内就能看齐的。

第五,中国"空巢"家庭的户数在迅速增加,其中农村的"空巢"家庭的户数也在增多,但其势头却不及城市"空巢"家庭户数的增速。这主要有两个原因。

原因之一:"空巢"家庭的产生或由于外出务工人数众多,其中特别是某些企业接受了国外的建设工程,从国内派遣外出工作队伍,其中不少是粗工和技工,还有技术管理人员。其中,很少有带家属的。如果是家庭中的独生子女,那就会出现"空巢"家庭,即留下的是所谓"留守老人"、"留守妇女"和"留守儿童",这三类留守人员所组成的家庭可以被列入"空巢"家庭。但这种情况是暂时的,一旦企业与外方所定的合同到期或工程及时结束,人员撤回国内,大部分职工也就回家了。这样的"留守人员"是暂时的,"空巢"也就不存在了,除非紧接着企业又同外方签订了新的工程项目,从而新一轮的"空巢"家庭再度出现。这种外派劳工赴他国从事建设工作的工作人员中,技工和技术管理工作人员,以城镇招募为主,他们多半从事有技术、有专长的工作,因为建设工程中的粗工,一般可以在国外招募。外方有时也提出录取本地工人的需求。这样,企业接受外包工作的合同时,就尽可能招聘一定的本地工人。

原因之二:"空巢"家庭的产生或由于出国留学的大学生和研

究生，他们学成以后，在国外留下了，或继续做研究工作，或应聘在国外任职和任教。家庭中的老辈，成了"空巢"家庭的唯一住户。也许再过一段时间，家长退休后也迁移到国外生活。如果住房并未转让出去，也许家长们在国外住一段时间，又回国居住，仍保持"空巢"形式。形成这一类"空巢"形式的家庭，绝大多数是城市居民。农村出来考上大学的学生也有迁居国外的，但人数远远少于城市中的大学生和研究生。

根据以上所提到的当前的"空巢"家庭中，无疑城市户口大大超过农村户口的。

三、一个新的趋势：人口老龄化过程中人口质量的提升

如何应对中国现阶段人口老龄化的来临，是经济学界、社会学界和人口学界共同关心的问题。在讨论具体的应对措施之前，让我们先注意到中国社会经济中一个新的趋势，这就是人口老龄化过程中人口质量的提升。

人口老龄化过程和人口质量普遍提升过程，是2000年以后十多年间并行的新趋势：一方面，老龄人口数目不断增多，另一方面，从城市到农村，从沿海省份到内陆省份都出现了职业技术教育热、技术和管理培训班热、电脑热、上网热等现象。全国许多地方的劳动者、创业者都在努力提高自身的文化、知识、技术水平。中国的人力资本正在发生一场革命，卷入这场人力资本革命的不仅是青年人，而且也包括了中年人，甚至老年人。这是一场悄悄的革命，提高文化、知识、技术和上网水平的各个年龄段的人数以千万计。这是许多学术界人士原来意想不到的。但大家都为此兴奋不已，感到人力资本革命已经来临。

在农村，首先应当归功于土地确权和土地转让。正由于土地确认权的改革，家庭农场出现了，农民有获得感，心定了，疑虑消失了，

他们或者充满了活力和动力,一心一意想把自家的农田办成高产高收入的农庄、农场,或者通过土地转让,走向规模经营的道路,走向农业和饲养业的产业化道路。年龄已不再是限制农民学文化、长知识、精技术的障碍。他们之中,不少人年龄已大,但学习的劲头不减。他们进培训班,或把孩子送去学习农业养殖业的技术,他们还学会了上网,从网上懂得了怎样改良品种,怎样注意环保,还懂得了怎样销售自家的农产品。在自己的家庭农场里,没有年龄的界限。老当益壮,已经成为新的风尚。

土地流转还使得一些农民离开农村去经营工商业和服务业。于是自家的农场或者合并到新型合作组织之中,按股份分红,或者租赁给其他家庭农场,取得租金。这些经营工商业和服务业的农民走上了自主经营的道路,收入增长了。农田不会荒芜,总会有人来耕作的。什么人来种田?外省的农民转包了这些土地,成为"租地农场主"。

在一些城市和农村,还出现了"城归"这样的新名称。什么是"城归"?他们是指外出务工已经若干年的农民工。这些人在外面闯荡了好些年,学会了技术,结交了朋友,懂得了市场规则和经营方式,还积蓄了一些资金。但多年来离家外出,夫妻分居,家中老人、配偶、子女都成了"留守老人"、"留守妇女"、"留守儿童"。这种不正常的现象还能继续拖下去吗?于是在外出务工者之中,掀起了一阵阵"回乡创业热"。这些回乡创业的农民工就被称为"城归"。我们在陕西省汉中市、安康市和贵州省毕节市,专门调研了"城归"们的回乡创业,发现了一些当地"城归"回乡后的新情况。

一是各地区有自身的特色。例如在陕西汉中市西乡县,看到当地的"城归"忙于经营富硒茶的茶园,这样就把当地的农田污染问题化解了。西乡县位于汉江南岸,那里原来以种植为主。自从南水北调工程后,在汉江下游建起了丹江口水库,南水北调由此开始。为了保证水源清洁,汉江沿岸种稻的农田一律禁止用化肥和农药。

西乡县于是改种茶树。种茶树,既不需要施化肥,又不需要打农药,而茶叶销路好,施上农家肥就行了。这样,“城归”们就解决了保持汉江水质优等的大问题。“城归”们回乡后既同家人团聚,又有谋生的机会、致富的机会。

在贵州省毕节市,我们发现这里的著名景点“百里杜鹃”,风景极美,是旅游胜地。“农家住宿”、“农家餐馆”处处皆有。“城归”们有了致富机会,生意也越来越红火。此外,毕节的外出务工者回乡后,办起了小微企业。我们在毕节市七星关区考察了一个小微企业创业园,里面全是务工者回乡建立的小微企业,有成衣店、时装生产工厂、面包房等企业。小微企业的业主十分兴奋地告诉我们:“过去没有人关心我们,现在,建立小微企业创业园之后,管委会就是帮助我们的机构,他们帮助我们发展,还组织我们学习。我们有家了。”

在毕节市的各条公路两边,建成了一些汽车修理店、摩托车修理店,它们是“城归”兴办的。由于从事汽车、摩托车修理的是技工,汽车、摩托车又在不停地增加,所以修车生意红火,师傅带徒弟的情况很普遍。这也是新现象,由此可以看出边远省份城镇近年来的变化和发展。

在国外,有时看到一些认为中国的“改革红利”已经枯竭,中国的人力资本红利已经用尽之类的文章,还看到有关中国是所谓的“未富先老”的国家之类的文章或评论。实际上,这些都是不了解中国实际而发表的肤浅之谈。中国是一个发展中国家。中国自中共十一届三中全会(1978 年)算起,在四十年的岁月中,一直是改革开放时期,没有改革开放,中国绝不是现在这种经济发展和社会稳定的格局。

中国一直坚持改革开放,新的改革开放一直没有停顿。中国的“改革红利”不仅没有枯竭,而是正不断因改革的深化和开放的扩展而继续涌现。

中国的老龄化和“农民工”数量的减少,并不意味着中国的人力资本红利已经用尽。实践明确地告诉人们,旧的人力资源红利仍在继续存在,而且无论城市还是农村、无论沿海地区还是内陆省份,人力资本正在发生一场巨大的革命,使中国的人力资本正在转型,新的人力资本必将带来新的人力资本红利。

至于"未富先老"这种评论,同样是不了解中国国情所致。"未富"是事实,不必掩饰,因为中国人口众多,尽管加大了扶贫力量,但由于底子薄,贫困地区面积大,人均 GDP 的增长并不容易。相对于过去四十年左右的努力,中国终于发展到中等收入偏上的格局,这已经是很不容易的成绩,全国上下都有再接再厉,奋发图强的决心,登上高收入国家行列已是不久的将来就可以实现的目标。

"先老"这是可变的。如果不关注人力资本革命的成效,把老龄人口仅仅看成是一个沉重的包袱,那样就有可能产生悲观的情绪,只感到人口老龄化将会带来压力。其实,从上面有关老龄化人口在力所能及的情况下,对家庭农场、农民建立的小微企业、家族原来经营的作坊等方面可能发挥的作用,往往是生产力的组成部分,不可忽视。比如说,建立家庭农场后,60 岁以上的老年人,对晚辈从事的农业、养殖业、花卉业等可能就担任了技术指导的角色,帮助晚辈走向富裕。在机器修理、汽车和摩托车修理的作坊中,经常看到有年长的退休工人,仍在作坊中帮忙,发挥作用。由此可见,"未富先老"之类的评论是不符合中国现状的。

四、再论人口老龄化和技术创新、产业升级

前面已经提到在家庭农场(或合作农场)中,老龄家长在健康状况可能的情况下,通常为家庭农场(或合作农场)出力,以尽自己的职责。前面也提到在家族兴办的企业中,老龄长辈即使已经不担任企业的具体职务,但只要自己感到身体还健康,也会为自家的企业献计献策,帮助晚辈把家族企业办好。

下面,我们准备对老龄人口中的专门科学技术人才的作用发挥问题,做进一步阐释。

要让中国经济能进入新阶段,重在经济转型,而经济转型中最重要的改革措施,是加速建立产权清晰、产权得到保护的产业主体。改革是不可停顿的,技术创新和产业升级是增长的动力,也是开拓新市场的必要措施。具体的说,技术创新和产业升级能够缓解人口老龄化所产生的问题,缓解劳动力供给,尤其是能够补充技术科研人才的不足。从世界各国的情况来看,不管现阶段老龄人口的压力多大,只要技术创新和产业升级的成绩突出,经济就会持续增长,市场就会持续扩大,依然可以以强国的姿态居在世界的前列。

由此可以断定,关键不在于一般劳动力的供给增长,而在于科学技术研究范围内人才的供给增长,也在于熟练技术工人供给的增长。这已经是世界经济发展国家在人才供给方面的效应所发挥的作用。换句话说,关键不在于一般劳动力的供给多少,而在于科学技术人才的供给够不够,在于熟练技术人才的供给能否满足经济增长的需求。

这就是说,科学技术人才的供给取决于高等教育的质量和数量,取决于科学研究机构的发展和研究水准的提高。为此,不但要大力培养科学技术人才,而且还要善于利用这些人才。爱才、聚才、用才三者是不可分的。因此,需要增加科研经费和开发经费,并且要实行人才激励制度。国外一些发达国家的经验表明,科技研究人口激励制度是十分有效的,这是调动科技研究人员积极性的手段。

就全国范围来说,60岁退休的规定是急需调整的。对于学有专长,身体状况比较好的专家、学者的退休年龄可以适当延长,并要听取这些专家、学者本人的意见。如果专家、学者能工作到70岁,这是国家的福气,对国家有利。作为科研机构的领导人,至少可以延长到65岁,65岁以后不担任科研机构的领导人,仍可以担任顾问之类的职务,同时仍可以带研究生。这样一来,科研队伍的实力也就相应提升了。

向全世界广泛招聘有关新学科或新领域的专家、学者,是我国开辟新学科、新领域的刻不容缓的政策。引进这些方面的杰出人才,包括我国在国外的科研机构或大学的学有所长的博士毕业生、教师或已在国外研究机构中的专家、学者,是加速国内新学科、新领域发展的重要政策,这方面有许多好的经验,要认真总结。

至于熟练技工和技师,同样应纳入专门人才的范围之内。前面已提到,目前,中国的熟练技工和技师都是短缺的。要在实践中发现人才,让他们在现有基础上继续提高。要表扬那些尽心本行业,数十年如一日辛勤劳动和作出成绩的"大国工匠"。熟练技工和技师的退休年龄也应适当延长。如果有技术专长的熟练技工和技师在十分需要他们的企业和科研单位中,愿意工作到70岁,可以参照有专长的科技研究人员的延长年龄(70岁)办理。这是有利于缓解熟练技工和技师供给不足的一件好事。

在这里,需要进一步研究的问题是:无论是科研机构或科研单位聘用(延期退休)以后的情况,还是企业或事业单位的熟练技工和技师被原企业或原事业单位聘用(延期退休)以后的情况,会不会阻碍了年轻人的就业?如果确实使年轻人的就业因此遇到了困难,又该如何解决?

对于上述问题,可以从三个不同的角度做一些探讨。

第一个角度的分析。照理说,科研机构或科研单位聘用的延期退休的专家、学者,他们学有所长,又有相当长一段的科研和开发的工作经验,他们的工作不是年轻的就业者所能替代的。但只要这些专家、学者能继续发挥所长,使科研单位、研究机构能继续发展,也将为年轻人提供更多的工作岗位。

第二个角度的分析。有些专家、学者到了该退休年龄是愿意退休的,但他们有可能进入自主创业的行列,发挥所长,成为新设科技企业的创业人,把自己的专业放在创业的平台上。这里也包括了一些到了退休年龄的熟练技工、技师愿意自创企业，在自己熟悉的行业作为企业主而发挥作用。这样，就可以使年轻人获得就业的机会。

第三个角度的分析。随着科研机构的发展和自主经营的科研性企业的增加，年轻人的就业机会增多了，这就给年轻人以新的就业机会。按照就业理论的分析，就业是靠就业扩大的，经济越活跃，就业机会就越多，这是就业的规律。因此，中国的就业前景不仅不会因延长专家、学者的退休期限而减少年轻人的就业机会，也不会因熟练技工、技师的退休期限的延长而减少年轻人的就业门路，反而会为社会的就业创造更多的机会。也许在不久的将来，中国将会涌现一个又一个新的就业高潮。

人口老龄化给社会带来新的就业机遇，是可以预料的。

五、关于社会企业的发展问题

让我们根据国外的社会企业的发展情况，对国内的就业前景作进一步分析。

社会企业最早出现于英国，是在19世纪40年代左右。那时，英国作为第一个走上工业化道路的国家，距产业革命约已经70年了。工业化给英国的利益已十分明显，而工业化给英国带来的问题也越来越突出。在这种情况下，在英国兴起了社会企业这一特殊企业。

什么样的企业被称为社会企业？大体上有如下的界定：这是社会所有的企业，服务于社会利益，采取企业化经营。社会企业允许有微利，但没有股东，也不缴纳税赋，它雇用一些从事管理工作的人员，薪酬比较适中。

社会企业不是营利组织，而是公益性的企业。它们得到利润后，全部归企业，再投入社会公益事业之中。企业可能越做越大，但受益者却是社会。

到了20世纪中期以后,社会企业这种形式开始在西欧其他国家和美国被仿效和推广。社会企业主要分布在养老、医疗、保健、护理等行业。从组织形成上看,20世纪中期以后欧美国家的社会企业同过去的英国社会企业有如下三个区别。

第一,尽管刚建立的社会企业是社会投资或政府投资,并以公益事业为目标,但目前在欧美国家,社会企业达到一定规模时,是可以向社会融资的。这样,社会企业的规模和经济实力都增强了,从而可以进行更多的公益投资。

第二,越来越多的社会企业为了自身的发展,倾向于到一定规模后放弃政府的补贴,而依靠自己的积累,自行发展。在这些社会企业看来,放弃政府补贴后可能从民间得到更多的资金,对自己的发展更加有利。

第三,社会企业从西方经济发展的实践中懂得如下的道理,有三条路可以为社会企业筹到资金:一是社会捐赠,包括最初的建设资金在内。二是政府的补贴,但政府进行补贴后社会企业会认为这是利弊俱存的。利是指可以从政府那里得到补贴,弊在于社会企业受到政府的检查多了,企业运行不如过去方便,而且接受了政府的补贴后社会捐献会相应地减少。三是利用资本市场,以公益事业的名义,使社会企业成为上市公司,受到社会的注意。于是社会企业的股份化成为社会企业自谋发展的一条新路。这也是目前社会企业同过去的社会企业的最大区别。

欧美国家的社会企业的经验是可供我国参考的。由于社会企业的目标不是营利性的,而是公益性事业,因此既可以动用社会捐献的资金,又可以依靠政府的补贴,还可以在有一定的业绩和规模的基础上改制为股份制,从而上市。这些做法都是可行的。

在当前,老龄人口的养老、医疗和护理等行业中,筹募资金可以参考国外社会企业的做法。这将有助于人口老龄化压力的减轻。

更值得注意的是：社会企业的发展毕竟是增加就业的新路，这对于化解城乡就业压力是有好处的。养老业、医疗业、护理业的发展需要不同的工作者，这就拓宽了就业的问题。而且，随着社会企业服务工作的发展，社会企业自身规模的扩大和服务工作的精细化，它们还会增加工作人员。可见养老、医疗、保健、护理等行业的就业人员仍有潜力。这包括这些行业的服务范围将随着业务的扩大而扩大。

在中国，社会企业在从事公益事业投资的过程中，有责任传承中国文化的优秀传统，如尊老、敬老、帮老、助老。社区和家庭都能够发挥更好更多的作用，使养老、医疗、保健、护理等服务事业能更健康地发展。社会企业的服务工作如果能够进一步同文化产业结合起来，做到“老有所养”（指老龄人口得到良好的照顾）、“老有所为”（指老龄人口在体力还能支持的条件下发挥余热，认真工作）、“老有所乐”（指老龄人口能得到家庭团聚、亲属团聚以及文化享受的可能），可以进一步推进家庭和谐、家族和谐、社区和谐、城乡和谐，最终实现社会和谐。社会就业也将在城乡和谐和社会和谐得以实现。

总之，从人口老龄化本身来说，的确是现阶段中国社会经济生活中的现实问题。我们一方面要认真地细致地分析人口老龄化会给中国社会经济带来什么样的压力或不利影响，但另一方面也要了解到，人口老龄化既然已经来临，我们不能消极地看待这一现象，而应寻找有效的对策，变被动为主动，不可错过人口老龄化所提供的机会。

中国人口老龄化的演变与对策：中华人民共和国成立70年的经验

一、引言

20世纪初以来，工业化国家的人口结构开始打破了多年保持的稳定状态，随后发展中国家的人口结构也发生了类似的变化，人口增长率下降和人均寿命延长导致的人口老龄化现象成为世界范围内的普遍现象。我国在新中国成立70年，尤其在改革开放以来的40年间，实现了发达国家用一个世纪甚至更长时间才完成的人口再生产类型的转型，完成了人口结构的转变，步入了低生育水平国家的行列。

人口老龄化是指老年人口在总人口中所占比例不断增加，社会人口结构呈现老年状态。按照联合国《人口老龄化及其社会经济结果》确定的划分标准，当一个国家或地区 60 岁以上老年人口占人口总数的 10%，或 65 岁以上老年人口占总人口的 7%，则表明这个国家或地区步入了人口老龄化阶段。1982 年第三次人口普查显示，0—14 岁人口比重为 34%，15—64 岁人口比重为 61%，65 岁及以上老年人口比重为 5%；1990 年第四次全国人口普查结果显示，0—14 岁人口比重为 28%，15—64 岁人口比重为 67%，65 岁及以上老年人口比重为 5.6%；2000 年第五次全国人口普查结果显示，0—14 岁人口比重为 22.89%，15—64 岁人口比重为 70.15%，65 岁及以上老年人口比重为 6.96%；2010 年第六次全国人口普查结果显示，0—14 岁人口比重为 16.60%，15—64 岁人口比重为 74.53%，65 岁及以上老年人口比重为 8.87%。从历次全国人口普查结果来看，改革开放后我国的人口结构由成年型向老年型转变，人口老龄化速度加快，人口老龄化程度也日益加深(见表 10-1)。

表 10-1　中国六次全国人口普查年龄分布

普查年份	0—14 岁 (%)	15—64 岁 (%)	60 岁及以上 (%)	65 岁及以上 (%)
1953	36.28	59.31	7.15	4.41
1964	40.69	49.17	6.08	3.56
1982	33.59	61	7.63	4.91
1990	27.69	67	8.58	5.57
2000	22.89	70.15	10.47	6.96
2010	16.60	74.53	13.4	8.87

资料来源：中华人民共和国国家统计局，历年《中国人口普查资料》。

新中国成立 70 年，尤其改革开放以来，我国的经济发展取得了巨大的成果，经济增速与经济总量均创造了世界发展历史上的奇迹，人口结构与社会经济结构也发生了根本性的变化。当前，我国正处于社会结构转变、深化改革的关键时期，人口老龄化对经济社会的影响将是全面的、深层次的,既包括人口老龄化对经济增长、劳动力供给、社会医疗保障体系、代际关系的挑战,也提供了进行社会医疗保障体系改革、发展老龄产业、改变国内消费结构的机遇。值中华人民共和国成立70年与全面深化改革之际,系统分析中国人口老龄化的现状、特征与趋势,弄清中国人口老龄化快速发展的原因、研究人口老龄化带来的经济、社会后果及其作用机制,并采取相应的措施应对已经到来并不断深化的老龄化社会,对实现我国人口、社会、经济与资源环境的可持续发展,具有重要意义。

二、中国人口老龄化的现状、特征及趋势

1. 中国人口老龄化的阶段演变

新中国成立70年,尤其改革开放以来的40年间,我国经历了80年代初期与80年代后期的人口增长高峰后,人口出生率与自然增长率持续下降,人口结构从成年化阶段步入老年化阶段。从图10-1中可以看出,改革开放后,中国经历了剧烈的人口出生率转变,由于人口惯性的存在,80年代经历了两次人口出生的高峰后,我国的人口出生率与自然增长率不断下降,人口死亡率维持在较低水平,人口结构发生了根本性的转变。从图10-2中可以看出,步入20世纪90年代后,我国65岁以上的老龄人口数量与老年人口抚养比呈不断上升趋势,少儿人口抚养比则不断下降。

(1)成年化阶段(20世纪70—80年代)

中国的人口老龄化在改革开放之前并未明显显露,而随着20世纪70年代初,我国开始实行以控制人口增长为目标的计划生育政策,中国的生育率经历了急速的转变。1971年我国的总和生育率为5.44,1977年下降为2.84,此后至80年代末,总和生育率维持在3以下,并呈下降趋势。生育率下降降低了少儿人口,同时70年代前高生育率下出生的人口成为劳动年龄人口,人口年龄结构向成

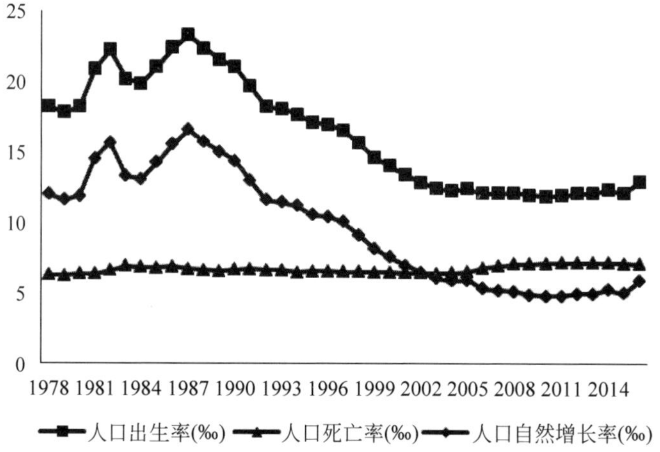

图 10-1　出生率、死亡率与自然增长率

资料来源：中华人民共和国国家统计局，历年《中国统计年鉴》。

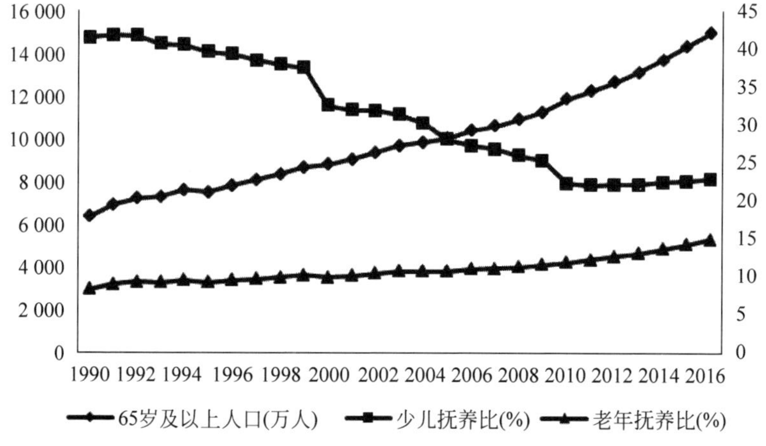

图 10-2　中国人口抚养比变化

资料来源：中华人民共和国国家统计局，历年《中国统计年鉴》。

年化阶段转变。1982 年的第三次全国人口普查结果显示，0—14 岁的人口比重较 1964 年下降了 7%，15—64 岁的人口比重较 1964 年上升了 11%，而 65 岁以上的人口比重较 1964 年上升了 1.3%，变化幅度相对较小。1990 年的第四次全国人口普查结果显示，0—14 岁的人口比重较1982年下降了5.9%,15—64岁的人口比重较1982年上升了6%,65岁以上的老龄人口比重上升至5.6%。少儿人口比重的逐渐减少和劳动年龄人口比重的逐渐增加表明我国的人口金字塔出现了底部收缩的趋势,人口结构步入成年化阶段。

(2) 老龄化形成阶段(20世纪90年代)

20世纪90年代以来,我国的总和生育率进一步下降。1990年我国的总和生育率为2.31,1995年下降为1.99,在90年代中后期,总和生育率维持在1.8左右,低于2.1的生育更替水平。在此期间,我国的人口结构继续呈现少儿人口比重下降,劳动年龄人口和老龄人口比重上升的变化特征。2000年第五次全国人口普查结果显示,0—14岁少儿人口比重下降为22.89%,15—64岁劳动年龄人口比重上升为70.1%,60岁以上人口比重超过10%,65岁以上老龄人口为6.96%,分别超过与接近10%和7%的国际通行老龄化标准,相较于1990年第四次全国人口普查增加了1.4%,这说明进入20世纪90年代后,我国的人口老龄化速度加快,人口结构开始转变为老年型人口,并逐渐步入了老龄化社会。

(3) 老龄化加速阶段(21世纪初期)

2000年以来,我国的总和生育率不断下降。2000年的总和生育率为1.22,2005年1%的抽样调查结果为1.34,远低于2.1的更替水平。2010年的第六次全国人口普查结果显示,0—14岁少儿人口的比重为16.6%,15—64岁劳动年龄人口的比重为74.53%,60岁以上人口的比重为13.4%,65岁以上老龄人口的比重为8.87%,60岁以上的老龄人口和65岁以上的老龄人口的比重较2000年分别增加了3%和1.7%。这说明进入21世纪后,我国的老龄人口及其比重的增长速度高于改革开放的前30年,人口老龄化处于加速阶段。

(4) 老龄化高速阶段(2010年以来)

2010年我国的总和生育率为1.18,其中城市的生育率为0.88,农村的生育率为1.44。而根据《世界人口数据表》的统计结果:2010

年全球平均生育率为 2.5,发达国家为 1.7,欠发达国家为 2.7,最不发达国家为 4.5。中国的总和生育率低于世界平均水平的一半,而且低于发达国家的平均水平。尽管 2014 年放开单独二胎的生育政策出台后,2015 年 1%的人口抽样调查结果仍显示,中国的总和生育率下降为 1.047,远低于 1.8 的政府鼓励水平。陆杰华、郭冉认为(2016)将我国的人口老龄化分为快速发展阶段(2010—2022 年)、急速发展阶段(2023—2035 年)、缓速发展阶段(2036—2053 年)与高峰平台阶段(2054—2011 年)。他们认为在快速发展阶段,中国老年人口将出现第一个增长高峰,人口老龄化水平提升至 18.5%,但仍属于轻度老龄化阶段;在急速发展阶段,老年人口将出现第二个增长高峰,老龄化水平提高为 29%,老年抚养比超过少儿抚养比,进入中度老龄化阶段;在缓速发展阶段,老年人口将出现第三个增长高峰,老龄化水平为 35%,处于重度老龄化阶段,并将超过发达国家的平均水平;在高峰平台阶段,人口老龄化速度降低,老龄化水平将稳定在 34%左右,形成一个稳定状态。

2. 中国人口老龄化的现状

中国人口老龄化的一个基本现状是:人口生育水平不断下降、预期寿命显著提高。截至 2017 年年底,中国 60 岁以上的老龄人口为 2.41 亿,占总人口比例的 17.3%,65 岁以上的老龄人口为 1.58 亿,占总人口比例的 11.4%,中国已成为世界上老年人口最多的国家。下面分别从中国人口预期寿命、人口总和生育率水平两个方面对中国老龄化的现状进行分析。

(1) 预期寿命

根据联合国人口司的估计,中国人口预期寿命由 20 世纪 70 年代的 66 岁左右一直上升至 2016 年的 76 岁左右。这说明改革开放以来随着经济发展、医疗卫生事业的进步与完善,中国人口的预期寿命不断增加,增加了中国老年人口的比例(见表 10-2)。

表 10-2 中国人口预期寿命

年　　份	预期寿命(岁)	年　　份	预期寿命(岁)
1950—1955	44.59	1985—1990	68.92
1955—1960	45.01	1990—1995	69.95
1960—1965	43.97	1995—2000	70.86
1965—1970	59.42	2000—2005	73.41
1970—1975	64.58	2005—2010	74.44
1975—1980	66.29	2010—2015	75.68
1980—1985	67.71	2016	76.25

资料来源:United Nations (Population Division, Department of Economics and Social Affairs),2018,*World Population Prospects*,*The 2017 Revision*.

(2) 总和生育率

根据联合国人口司的估计,中国人口的总和生育率自 20 世纪 70 年代至 2016 年呈现不断下降的趋势。改革开放至 2000 年间,中国人口的总和生育率从 3.0 下降至 1.56,下降速度较快;2000 年至今,中国人口的总和生育率保持在 1.5—1.6,呈现比较稳定的发展趋势。联合国人口司的统计结果高于我国第六次全国人口普查结果 1.18,这主要是因为我国人口普查统计中存在着出生人口漏报的情况,但从总体上来说,中国的人口总生育率低于人口正常替代率,在世界范围内处于低水平(见表 10-3)。

表 10-3 中国人口总和生育率

年　　份	预期寿命(岁)	年　　份	预期寿命(岁)
1950—1955	6.11	1985—1990	2.87
1955—1960	5.48	1990—1995	2.05
1960—1965	6.11	1995—2000	1.56
1965—1970	5.94	2000—2005	1.55
1970—1975	4.77	2005—2010	1.63
1975—1980	3.01	2010—2015	1.60
1980—1985	2.69	2016	1.62

资料来源:United Nations (Population Division, Department of Economics and Social Affairs),2018,*World Population Prospects*,*The 2017 Revision*.

3. 中国人口老龄化的特征

（1）人口老龄化规模大且速度快

2000—2017 年间，我国 65 岁以上的老龄人口由 8 811 万增加至 1.58 亿，占总人口的比例由 6.96%上升至 11.4%，我国的人口老龄化呈现出规模大、速度快的特点。根据资料统计，我国的人口老龄化速度大大快于欧美等国，我国老龄人口（65 岁以上）的比重从 4.91%上升到 7.0%仅仅花了 18 年的时间，而瑞典老龄人口的比重从 5.2%上升到 8.4%花了 340 年的时间，法国老龄人口的比重从 7%上升到 14%花了 115 年，美国花了 66 年，这充分显示了我国人口老龄化的速度之快是前所未有的。从表 10-4 中能够看出，我国老龄人口从 7%上升到 14%的速度与日本相当，日本是世界上老龄化最严重的国家之一，这也反映了我国的老龄化程度加剧。

表 10-4 若干国家人口老龄化速度

国　　家	65 岁以上人口比例达到的时间		所需时间(年)
	7%	14%	
日本	1970	1996	26
英国	1930	1975	45
瑞典	1910	1975	66
德国	1890	1975	85
法国	1865	1980	115
中国	2000	2025	25

资料来源：邬沧萍等：《社会老年学》，中国人民大学出版社 1999 年，第 160 页。

（2）高龄化趋势显著

改革开放后的 40 年中，随着人口老龄化进程的推进，我国老年人口自身的老龄化程度也在加剧。1981 年我国的人口预期寿命为 67.77 岁，2015 年人口预期寿命为 76.34 岁，人口预期寿命增加了近 10 岁。根据老年人口的细分标准，60—69 岁为低龄老年人口，70—79 岁为中龄老年人口，80 岁以上为高龄老年人口。根据人口普查数据计算,1982年我国80岁以上的高龄老年人口为505万,占老龄人口总数的6.59%;1990年我国80岁以上的高龄老年人口为768万,占老龄人口总数的7.92%;2000年我国80岁以上的高龄老年人口为1 199万,占老龄人口总数的9.23%;2010年我国80岁以上的高龄老年人口为2 099万,占老龄人口总数的11.82%。当生育高峰人口步入80岁,高龄人口将进一步增加,我国的人口老龄化将面临着老龄人口高龄化的趋势。高龄人口相较于中低老龄人口,具有更高的疾病风险和更高的社会保障和医疗需求,老龄人口高龄化将为我国的养老保障体系与医疗卫生体系带来严峻的挑战。

(3) 未富先老

我国人口老龄化是上世纪70年代实行计划生育政策控制人口增长所迅速形成的结果,且在经济不发达的条件下迎来了人口老龄化,属于典型的未富先老型国家。2000年我国人均GDP为856美元,而一些欧美国家如法国、德国、美国和瑞典在1900年时,人均GDP分别为2 849美元、3 134美元、4 096美元和2 516美元,我国的人口老龄化程度远超于社会经济发展水平。从表10-5中可以看出,中国迈入老龄社会时的人均GDP仅为1 749美元,2010年的人口老龄化水平相当于日本1980年的水平,而中国2010年的人均GDP水平仅为日本1980年的一半。也即如果以老龄化阶段作为比较标准,中国的经济发展水平严重落后于发达国家在同一老龄化阶段的经济发展水平(见表10-5)。

(4) 城乡差异显著

我国城市的经济发展状况、医疗卫生条件优于农村地区,城市的人口预期寿命高于农村。一般地,城市的老龄化程度应高于农村地区,然而经济发展的差距不仅造成了我国劳动年龄人口在城乡间的流动,也使得农村滞留人口多为老龄人口,城市人口老龄化降低的同时农村的人口老龄化程度却提高了。从表10-6城乡人口年龄结构的对比中可以看出,城市的人口生育率低于农村地区,而劳动

表10-5 不同国家老龄人口比例和人均GDP对比

国家	65岁及以上人口占比(%)			人均GDP(2010年不变美元价格)		
	1980年	2000年	2010年	1980年	2000年	2010年
日本	8.91	17.2	23.0	9 333	40 167	43 118
德国	15.65	16.3	20.8	12 091	36 517	40 164
法国	13.92	16.01	16.82	12709	22 262	40 629
意大利	13.33	18.3	20.3	8 431	34 832	33 761
美国	11.56	12.4	13.1	12 458	43 890	46 616
中国	4.70	7.0	8.9	307	1 740	4 434

资料来源:United Nations(Population Division, Department of Economics and Social Affairs),2018, *World Population Prospects*, *The 2017 Revision*;World Bank Data.

年龄人口所占比例高于农村地区。城市的老龄化率低于农村地区,2000年农村的老龄化率为7.5%,比城镇老龄化率高1.08个百分点,2010年农村的老龄化率为10.06%,比城镇老龄化率高2.26个百分点,城乡间的老龄化差距呈不断扩大的趋势(见表10-6)。

表10-6 城乡人口年龄结构对比

年份	0—14岁人口比例(%)		15—64岁人口比例(%)		65岁及以上人口比例(%)	
	城镇	农村	城镇	农村	城镇	农村
2000	18.42	25.52	75.16	66.98	6.42	7.50
2005	16.60	21.95	74.91	68.50	8.49	9.55
2010	14.08	19.16	78.12	70.78	7.80	10.06

资料来源:第五、六次全国人口普查数据;2005年全国1%人口抽样调查数据。

(5)地区发展不平衡

根据第六次全国人口普查统计,2010年中国人口老龄化程度最高的五个省份分别为重庆、四川、江苏、辽宁与安徽,而这五个省份在第五次全国人口普查时老龄化水平的排名分别为第7名、第10名、第3名、第8名和第9名。除江苏省外,其他四个省市在改革开放后都属于劳动力人口输出大省,劳动力外出务工加快了本省的老龄化程度。而北京、上海等经济发达省份,则因吸收了大量的外来劳动年龄人口,人口老龄化的速度与程度都较第四次全国人口普查时降低。2000年北京、上海、浙江的人口老龄化排名分别为第4名、第1名和第2名,而2010年三省市的人口老龄化排名则下降至第12名、第6名和第9名,这得益于较快的经济发展速度与较高的经济发展水平吸引了大量的劳动年龄人口,缓解了当地的人口老龄化程度。

(6) 性别差异明显

我国女性人口的平均预期寿命高于男性,因此女性的人口老龄化程度也高于男性。从表10-7不同性别老龄人口比例的对比中可以看出,改革开放以来的40年间,我国65岁以上的女性老龄人口及80岁以上的女性高龄人口多于男性老龄人口与男性高龄人口。其中,在65岁以上的老龄人口中,男性老龄人口所占比例不断上升,性别比例差异不断降低,1982年性别比例差异为11.36%,而2010年仅为3个百分点;在80岁以上的高龄人口中,男性高龄人口所占的比例持续上升,但性别比例差异仍较大(见表10-7)。

表10-7　不同性别老龄人口比例对比

年份	65岁以上人口比例(%)		80岁以上人口比例(%)	
	男性	女性	男性	女性
1982	44.38	55.62	34.97	65.03
1990	45.50	54.50	35.31	64.69
2000	47.25	52.75	37.92	62.08
2010	48.1	51.9	41.81	58.19

资料来源:历年中国人口普查数据。

4. 中国人口老龄化的趋势

根据中国老龄委的预测报告,按照我国人口老龄化趋势,从2001年到2100年的100年间,可以划分为快速老龄化、加速老龄化、重度老龄化三个阶段。从表10-8中可以看出,我国未来的老龄化形势非常严峻,这将为我国的养老保险制度及各类社会管理体系带来巨大的挑战(见表10-8)。

表10-8　21世纪中国人口老龄化发展趋势

时　间　段	发展阶段	老年人口最高峰度值	80岁以上的人口
2001—2020年	快速老龄化	2.48亿	3 067万
2021—2050年	加速老龄化	超过4亿	9 448万
2051—2100年	重度老龄化	峰值4.37亿	7 500万至1.2亿

资料来源:李通屏:《人口经济学》,清华大学出版社2008年版,第107页。

三、中国人口老龄化产生的原因及影响

1. 中国老龄化产生的原因

(1) 老龄化是人口结构转变的必然结果

人口由高生育率、高死亡率向低生育率、低死亡率转变是人口结构转变的必然规律。生育率与死亡率由高水平向低水平转变受到经济发展、社会文化、资源环境的影响,人类社会在向工业化过渡的进程中,随着生活水平的提高与医疗技术的提高,人口死亡率降低。而人口死亡率降低带来的人口增长将加大家庭维持生存的压力、降低生育意愿,从而导致生育率水平的降低。改革开放以来,我国的经济建设取得了长足的进步,医疗卫生条件得到了极大的改善,人口死亡率持续下降并保持在低水平。20世纪80年代初及末期的高生育期出生的人口在此后生育率较低时期逐渐步入老年,老年人口规模扩大,人口金字塔顶端膨胀,进一步提高了中国的老龄人口比例。

(2) 计划生育政策加快了人口老龄化的速度

人口生育率转变虽是社会经济发展的结果,但中国的特殊性在于计划生育政策的实施加速了人口老龄化的到来。计划生育政策实施后,中国经历了一个人口出生率急剧下降的时期,1970—1979年间,人口出生率从33.43‰下降到17.82‰,少出生了近2亿人

口。陶涛、杨凡(2011)的研究表明,如果20世纪80年代以来不强制实施计划生育政策,中国2010年60岁以上人口的比例将是11.39%,比2010年实际比例降低1.87个百分点。这说明计划生育政策使得中国人口年龄结构改变日益加快,缩短了人口结构转变的时间,加快了中国人口老龄化的步伐。

(3) 人口性别不平衡对人口老龄化产生推动作用

根据人口普查数据,1982年我国的出生人口性别比为108.47,1990年上升为111.14,2000年上升为116.86,2004年达到历史最高水平121.18,2010年下降为117.94。我国的出生人口以男性居多,人口性别结构失衡导致部分适龄人口难以婚育,这对人口老龄化产生推动作用。

2. 中国老龄化的影响

(1) 人口老龄化影响经济增长

人口老龄化的推进意味着我国劳动力丰富的人口红利将逐渐消失,而人口红利消失将阻碍经济的持续增长。劳动力人口短缺将提高劳动成本,老龄人口增加将降低总的储蓄水平与投资水平,影响资本积累与经济增长潜力。陆杰华、郭冉(2016)认为人口老龄化通过劳动力供给格局、经济运行成本、消费需求结构的影响进而影响金融系统稳定与经济增长潜力,不利于宏观经济的平稳较快增长。郑伟等(2014)基于人均GDP分解法和反事实分析法测算了人口老龄化对中国经济增长的潜在影响,研究表明中国老龄化对经济增长潜在负面影响的强度远远高于世界平均水平和OECD国家平均水平。

(2) 人口老龄化影响劳动力市场

人口老龄化对劳动力市场的影响主要表现在两个方面:一是老龄化将改变劳动力市场的供给水平与劳动生产率;二是老龄化将改变劳动力的需求状况与劳动力成本。首先,人口老龄化减少了劳动力供给的数量,导致劳动力供给相对不足甚至短缺;人口老龄化提高了劳动力的平均年龄，造成劳动力老龄化；人口老龄化对劳动生产率的影响与技术进步和行业分类、资本密集度相关。其次，人口老龄化通过影响消费结构和产业结构作用于劳动力需求结构，一方面，人口老龄化将提高社会平均消费倾向、促进社会总消费增长；另一方面，人口老龄化将为老年产业带来新的机遇，这两者都会提高对劳动力的需求。人口老龄化改变了劳动力市场的供需结构，从而影响劳动力成本。

（3）人口老龄化影响社会保障体系

人口老龄化水平提高意味着总人口中老龄人口的比重日益增大，退休人口与在职人口的比例即老年赡养系数逐渐提高。我国传统的养老保险制度在资金筹集方面采取现收现付制，即根据当年所需支付的养老金金额来决定当年所需要筹集的资金数量。在这种模式下，当养老基金收支平衡时，个人账户没有任何节余。但随着人口老龄化进程的加快，社会统筹部分的基金积累无法满足养老保险的支付需要，这要求现行的现收现付制逐步向社会统筹与个人账户积累相结合的基金模式转变。人口老龄化、老龄人口高龄化将对医疗保障体系产生巨大压力，并进一步增加对老年医疗服务的需求。就医次数增加、治疗成本上升将对医疗公共卫生服务、医疗保障基金与政府公共财政支出产生较高需求。

（4）人口老龄化影响城乡统筹发展

我国的人口老龄化与城市化进程交替进行，城市化水平的提高拉动了农村劳动力向城市的转移，为城市人口结构的变化提供了大量的劳动年龄人口，提升了城市经济的发展水平，但这反过来加剧了农村人口的老龄化，进一步拉大了城乡人口结构、社会保障水平与经济发展水平的差距，不利于农民生活条件改善、农村产业发展与农业生产效率的提高，阻碍城乡统筹发展。

（5）人口老龄化影响家庭结构与代际关系

20 世纪 70 年代实行的计划生育政策改变了我国传统的家庭结

构,使得户均人口规模缩小并逐渐演变为“4—2—1”的家庭模式。在这种家庭模式下,家庭中可提供照料老人的成员减少,家庭的养老功能弱化;家庭养老负担较重,生活、医疗、教育成本较高,年轻人生育的意愿降低,大多数年轻人选择少生或晚生;家庭赡养结构发生变化,劳动年龄人口面临较重的养老负担,这容易引起全社会范围内的代际冲突与矛盾,影响社会结构的稳定与代际关系的和谐。

四、中国人口老龄化的应对对策

中国的人口老龄化进程仍处在一个动态的变化过程中,老龄化程度提高、少儿人口与劳动年龄人口下降是其发展趋势。因此,针对中国人口老龄化的特征以及演变过程中出现的问题,应该采取多方面的措施,积极有效地应对中国人口老龄化。

1. 树立科学的人口发展观,制定合理的人口发展规划

当前我国步入了人口老龄化程度不断增加的阶段,人口出生率较低,人口增长速度较慢。树立科学的人口发展观就是坚持人口数量和结构与社会经济发展阶段相一致,当前我国应适时地对计划生育政策进行调整,放松对人口增长的严控管制,从有条件地放开二孩生育政策逐步向生育权回归家庭过渡,使每个家庭的生育决策符合家庭经济情况与自身需要,提高我国的人口生育率水平,进一步释放人口红利,缓解人口老龄化问题。

2. 建立健全养老保障体系和医疗服务体系

社会养老负担随人口老龄化程度的加深而增加,现收现付的养老金制度难以满足我国现阶段的养老需要。当前应重新审视社会保障的规模,建立与健全覆盖城乡居民的养老保障制度与养老服务体系,城市要逐步完善社会统筹与个人账户相结合的基本养老保险制度,构建多层次的城镇养老保障体系,加强养老基金投资管理、拓宽投资渠道政府,逐步放开对社会保险基金投资运营的限制,使养

老保险基金在政府严格监管下有计划、有步骤地投入资本市场尤其是股票市场运营,实现保值增值,为今后应付人口老龄化高峰打下好的资金基础。我国的农村人口老龄化程度增加,农村家庭养老保障功能弱化,而农村养老保险体系尚未得到完全建立,需要建立和完善农村养老保险制度,解决农村养老问题。当前我国的医疗服务体系尚不完善,城乡之间、地区之间还存在着较大的差异,老龄化社会的到来使得我国对医疗服务的需求激增,建立完善的医疗服务体系,缩小医疗服务的地区差距与城乡差距,是应对人口老龄化的重要对策。

3. 大力开发老龄市场,发展老龄产业

人口老龄化产生一系列挑战的同时也为我国的经济发展带来了新的机遇,老年娱乐、教育、医疗保健行业的兴起能够在很大程度上进一步打开国内市场,扩大总的消费需求,激发经济活力。在老龄产品和服务的提供上,要坚持以市场为主体,发挥政府的有效调控和社会公众的积极参与,大力开发老龄市场的同时促进我国产业结构的整体转型升级。

4. 积极开发利用老年人力资源

劳动年龄人口的平均年龄随着人口老龄化的推进不断增加,劳动力市场可能会出现结构性短缺。开发利用老年人力资源,可从以下三个方面进行:一是提高退休年龄,延长工作年限,逐步将男性退休年龄由现在的60岁提高到65岁,将女性退休年龄由55岁提高到60岁;二是实行弹性退休制,但要严格控制提前退休,鼓励根据个人意愿延迟退休,并精确计算提前退休减少领取的养老金数量与推迟退休增加领取的养老金数量;三是直接利用老年人力资源,鼓励低龄、健康的老龄人口开展志愿性或经营性的养老服务活动,将其转化为社区养老服务资源。

人口老龄化与社会保障体系的建立

一、社会保险制度改革的意义和必要性

1. 社会保险制度改革是实现社会安定、经济稳定的需要

社会保险制度改革是经济体制改革的重要组成部分，它能及时地为那些最需要帮助的人们，如老年退休者、失业工人、伤残职工及死亡者的遗属等，提供基本的生活必须保证，因而具有较强的社会稳定器的功能。

2. 社会保险制度改革是缓解人口老龄化压力的需要

目前,我国正面临着日益严峻的人口老龄化的挑战。一是发展速度快;二是与经济发展水平比较,我国人口老龄化进程超前。到2000年,我国经济发展尚处于小康阶段,但人口年龄结构却已开始进入老龄化阶段,每个劳动者赡养老人数目已相当于发达国家1980年的水平。我国2000年进入老年型社会时,仅退休养老费用就将达到1 000多亿元,财政不堪负担。现行的退休基金是现收现付制,缺乏长期积累的储备基金,不适应老龄化的需要。因此,我们必须抓紧时间,尽快制定一套行之有效的社会保险制度,建立养老储备基金制度,避免或减少大量老龄人口迅速出现所带来的多种社会及经济问题。

3. 社会保险制度改革是正确引导消费方向,增加生产建设资金投入的需要

1989年底,我国全民单位职工退休费用社会统筹保险和失业保险资金累计结余80多亿元。如果下一步按照法定的强制储蓄基金形式,逐步建立起城镇企业职工、乡镇企业职工、"三资"企业职工、个体劳动者及部分富裕地区农民(人均年收入70元以上者)的养老保险制度,初步匡算,每年从劳动者个人和单位交纳保费可筹集到300亿元左右的养老基金。这样一大笔基金的筹集及合理使用,对于调整消费结构,延缓消费支出,抑制通货膨胀,缓解建设资金不足的矛盾,增加有效投资和有效供给,具有重要的现实意义。

4. 社会保险制度改革是深化企业改革和调整产业结构的需要

企业经营自主权的确定,企业破产法的贯彻实施,各种经济成分的存在和稳步发展,劳动力的合理流动以及治理整顿的推进等,都迫切要求尽快建立起与之相适应的养老、失业、医疗、工伤等项社会保险制度。我国产业结构、产品结构和企业组织结构极不合理,

重复建设、重复生产现象十分严重。目前市场疲软正是调整结构的极好机会，但因社会保障改革不配套，调整结构步履艰难。我国企业破产法早已公布实施，但真正破产的寥寥无几，其主要原因是破产以后职工待业保险没有跟上。

二、当前社会保险制度改革的情况和存在的主要问题

我国社会保险制度的改革，是从1984年在国营企业职工推行养老保险社会统筹开始的。这种职工退休费用的社会统筹，初步缓解了新老企业之间退休费用负担畸轻畸重的矛盾，保证了退休职工的生活，促进了社会的安定团结。在一些地方还进行了待业保险和医疗保险的试点。

农村养老保险尚处于试点阶段，只在很小的范围内进行，但凡参加养老保险的老年农民的养老问题已初步得到解决。不仅对引导消费，稳定人心起了积极的促进作用，而且使养儿防老这个传统的养老方式正在发生变化。

但是，从总体上看，现行的社会保险制度基本上还是传统的社会保险制度，还不能适应改革开放、发展有计划商品经济和应付老龄化压力的要求。现行的社会保险制度存在的主要问题是：

1. 筹资模式问题

我国现行社会保险制度的筹资模式具有以下几个特点：一是以支定筹，现收现付；二是不同范围的社会统筹，省、地、县各级的统筹均有，并以后者为主；三是除合同制工人象征性地交纳一部分保险金外，受保者个人一般不交纳任何社会保险金，其全部资金来源于国家和企业。

现在，我国社会保险制度的筹资模式需要考虑以下四个方面的问题：其一，继续实行现收现付制，还是基金积累制？其二，实行社会统筹保险，还是法定个人储蓄基金保险，或者是以社会统筹保险

和法定个人储蓄基金保险相结合的模式？其三，资金来源，受保者个人是否也应交纳一定比例的保险金？其四，以何种形式筹措资金？采取社会保险税的形式，还是仍维持目前交纳的形式？

以上四个问题，有些已比较清楚，人们的认识也比较一致。例如个人交纳问题，现在只是一个实施形式和时间问题。但有些问题，特别是前两个问题，争论较大，一时很难选择决断，因为在某种意义上，我们正面临着两难的境地。例如，就养老保险而言，一方面，我们正面临着人口老龄化的压力，而退休养老保险实际上是一个长期支付项目。资金的支付既然是长期的，其收入也宜采取预筹积累的方式，这样做有利于长期均衡负担，国家不会背上沉重的财政包袱，从而缓解人口老龄化的压力矛盾。但另一方面，预筹积累制所要求的一系列前提必要条件我们还未完全具备，这包括各方面的承受能力，以及通货膨胀、价格和利率水平、投资市场、投资政策、管理水平，等等。

筹资模式中另一难题是选择实行一体化的社会统筹保险，还是法定个人储蓄基金保险，或者是两者的结合，即社会统筹保险和法定个人储蓄基金保险相结合。社会保险的主要目的是为那些曾经有正常收入，但目前由于一些非个人所能控制和抵御的因素所引起的暂时性或永久性丧失工作能力的社会劳动者提供某种收入（货币的或非货币的）保障，以保证其个人及家庭的正常生存。因此，社会保险的基本目标就是社会安定和社会公平。而基金的筹集、收入进行社会调节分配、费用和风险的分担，是实现这个基本目标的主要手段。具体而言，它包括纵向和横向两个方面的收入调节和风险共担，也就是劳动者个人一生全部收入的调节与风险分担，以及社会劳动成员之间的收入调节和风险分担。社会统筹保险制是西方国家养老保险的传统模式，符合横向社会成员之间收入调节和风险分担，但在老龄化面前尚未找到出路。特别是现收现付式统筹制，保险金是从在职职工收入分配中筹措，在老龄化过程中将使社会、经济矛盾渐趋激化。假如从现收现付统筹扩大到基金积累统筹,社会成本代价很高。

法定个人储蓄基金保险,典型的是中央公积金制度,起源于东方发展中国家。新加坡中央公积金制是在1955年经济很困难的情况下开始建立的,由雇主和雇员双方交纳并以个人账户存储保险基金。公积金制对一个劳动者而言,年轻时劳动的全部收入中要存储一部分调节到退休时享受,但社会成员之间收入调节和风险分担即互助互济的功能弱。在一些福利国家中,社会统筹养老保险金面临收不抵支和老龄化威胁等困难,社会统筹式基本保险受社会、经济因素的制约,因而个人储蓄式的基金保险(公积金)有发展的趋势。在退休养老职工所得中公积金占有相当比重。美国中等以上收入者各类私人年金已构成他们退休收入的大部分,美国私人年金存储额用于投资项目金额已超过1万亿美元。

我们国家究竟选择哪种筹资模式,目前尚在探索之中。一种意见认为,应在我国城镇建立统一的社会统筹型的基本保险;另一种意见,主张选择现收现付社会统筹制与法定个人账户储蓄基金制相结合的筹资模式,并认为如在全社会实行统一的社会统筹基本保险我国尚不具备条件。如果心中无数,盲目追求扩大社会统筹覆盖面,改革急于求成,则会欲速则不达。况且福利待遇具有刚性,一旦建立,退下来也难,就容易陷入进退两难的困境。要选择当前比较可行、长远风险不大的筹资模式,既要保持社会统筹具有互助互济强的功能优点,又要发挥个人自助的积极性,树立"攒钱养老"的观念,克服国家包得太多的弊病。社会保险筹资应由国家、企业、个人三者合理分担,首先是要突破个人不交纳保费的惯例,因而必须引入个人账户的储蓄基金制模式。要认真研究新加坡筹集社会保险资金的做法,结合我国情况吸取有益的经验。福建省在集体所有制企业建立以统筹式的基本养老保险与储蓄积累式的补充养老保险双层结合式的试行制度,很快将推广到全省70%的覆盖面。因此可以设想探索采取现收现付社会统筹制和个人账户的储存基金制结合的筹资模式，较为符合我国国情和社会保险的基本原则，充分发挥个人自助与社会互助相结合的功能。除了国营企业职工在完善社会统筹制基础上引进储存基金制的补充养老保险外，在城镇集体企业建立统筹制与储存基金制双层养老保险，农村乡镇企业职工、富裕地区农民以及城镇个体户、私营企业和“三资”企业职工一开始就建立储存基金制的养老保险，同时设立一笔共济基金。

2. 社会保险基金的保值增值问题

从国际经验来看，社会保险积累基金的保值增值是一个十分棘手的问题。这是因为这种基金的投资与商业性投资不同，社会保险的目的要求这种投资必须十分安全可靠，并能保值增值。这就需要有一系列社会、政治、经济条件作为前提。这包括通货膨胀率水平，投资市场的发育状况，经办机构的投资自主权是否充分，以及投资管理水平，等等。显然，我国目前以及一个时期内各方面的条件都还很难达到客观要求的水平或程度。因此，如果推行基金积累制或部分积累制的话，基金的保值增值问题将会不断地困扰着我们。

3. 社会保险的管理体制问题

当前，社会保险管理体制存在两大问题：一是政出多门，多头管理，又缺乏宏观协调平衡机制，容易造成相互扯皮、推诿的矛盾。二是政事不分，立法监督与经办执行职能相混淆，缺乏强有力的监督管理机制。因此，必须加强领导，理顺管理体制，这是切实推进社会保险制度改革的关键一步。

除了以上三大问题外，在推进社会保险制度改革的进程中，我们还必须注意以下三个问题：第一，保险体制的选择必须持慎重态度。在决策之前，一定要多听各方面的意见，特别是反对意见。要把各种可能发生的情况和困难都估计进去。第二，社会保险制度的改革和完善是一项长期的事业，不能急于求成。我国 40 年改革的经验也告诫我们要稳扎稳打，逐步地推进社会保险制度改革。第三，即使是进行个别试点，也需注意试点与未来总体制的衔接。从目前情形看，今后一个时期内，我国社会保险体制不太可能是一个统一的模式，但总体方向、目标应是一致的，相互之间的差异也不宜太大，否则不利于劳动力的流动。

三、社会保险制度改革的思路与对策

1. 逐步扩大社会保险的覆盖面。目前，社会保险制度的覆盖面小，城镇、区、县以下小集体企业、近几年新发展的集体企业、“三资”企业、私营企业、个体工商业者以及乡镇企业的从业人员尚未建立退休养老保险制度；农村推行家庭联产承包责任制以来，老年保障也受到影响。因此，要逐步地把以工资收入为主要生活来源的城镇社会劳动者，都纳入不同形式的社会保险的制度范围内，包括集体所有制职工、“三资”企业中方职工、私营企业和城镇个体工商从业人员等。同时，要逐步地把农村老年保障制度逐步建立起来，首先在少数富裕起来的农村中建立起来。

2. 社会保险制度改革的重点。从我国情况看，首先应考虑建立的是养老、医疗、失业、工伤保险等，其中以养老保险和失业保险为重点。

3. 实行部分积累的筹资模式。从人口老龄化趋势、推迟部分消费和改革由国家、企业统包养老费用的要求看，养老保险是社会保险改革中应首先进行的一项。但是，建立一个什么样的养老保险制度，什么样的筹资模式比较适合我国国情和商品经济的发展，看法不一。比较起来，实行部分积累，采取现收现付统筹制与法定个人存储基金相结合的筹资模式比较有利。我们设想，这一制度可先在全民单位以外的社会劳动者中试行，这包括“三资”企业职工、乡镇企业职工、个体劳动者及沿海富裕地区的农民等。这样对财政也不会产生太大的影响。当然，这一制度比较适合于青年人。对于中老年职工,还需要另行制定过渡办法。至于全民单位究竟采用什么样的养老保险筹资模式,怎样转换成个人与单位交纳保险金为主的方式,应继续研究探讨。但有一点应是明确的,即现行的退休统筹办法必须进一步改革完善,其中包括逐步实行个人交纳部分保险金等。

4. 社会保险基金的保值增值。目前,对实际积累基金的保值增值缺乏明确的政策管理和必要的措施和手段。如果今后实行基金积累制或部分基金积累制,社会保险积累基金的保值增值将更为紧迫,特别是在通货膨胀、国内投资市场不发育、各方面的经济承受能力较低、管理水平有限的情况下,更应注意保值增值。因此,必须研究社会保险资金的提取比例、积累幅度以及保值增值等一系列宏观政策和措施。

5. 切切实实地抓好改革试点。国家已确定在深圳、海南进行社会保险制度综合试点改革工作,在丹东等地进行医疗保险改革试点工作,在大连等地进行农村养老保险试点工作。当前,应集中力量,抓紧做好数据测算、方案制定、论证咨询和实施等,切切实实地推进改革试点工作。

6. 组织各种形式的人员培训。体改系统的人员培训与职能部门的培训应有所区别,当前似应更侧重宏观的、政策性的管理能力的培训。

7. 加强领导,改革社会保险的管理体制。把社会保险的立法、执法、监督职能分开,形成相互支持又相互监督制约的管理机制,建立与此相适应的管理机构。

构建养老保障体系的『第三支柱』：商业养老保险的政策选择

从现在到21世纪中期，中国的人口结构将急剧老龄化。假如按照中等条件估计，衡量人口结构老龄化的指标将陡直上升：65岁及以上人口比例从2010年的8.8%上升至2055年的28%以上；老年抚养比从2010年的11.9%上升至2055年的50%以上；年龄中位数从2010年的34.6岁上升到2037年的超过45岁。而且，人口老龄化的加剧趋势将长期持续。

人口的深度老龄化必然给养老保障体系带来巨大的冲击。按照当前的制度框架，在基准情景假设下，现收现付制的城镇职工养老保险将面临不可持续，替代率下降的困境。就我国现状而言，当前的制度抚养比是 3∶1，2030 年代将下降为 2∶1，至本世纪中叶更将降至 1∶1。这样的人口结构形式根本上使得我国当前依赖现收现付制为主要筹资模式的养老保障模式收支失衡。

实际上，在发达国家（我国已是中等收入国家，并正在向高收入国家迈进）中，只有美国和法国等少数发达国家因为有移民进入并且移民群体生育率高等因素而保持了替代水平（总和生育率 2.1）左右的生育率水平。随着生育率下降和预期寿命的延长，发达国家普遍出现了人口结构老龄化，其现收现付制的养老金制度均面临可持续性挑战，而不得不对养老金制度进行改革，发展成为多支柱的养老保险体系。

与这些发达国家相比，我国面临的养老金制度挑战更为严峻。一方面，我国仍是发展中国家，人均收入水平仍低于发达国家；另一方面，由于各种因素，我国的人口结构老化较之其他国家更急更深。而我国当前的社会养老保险虽然名义上采用的是社会统筹和个人账户结合的“统账结合”模式，但由于制度建立初期历史负债等因素，个人账户“空账”运行，实质上是一个纯粹的现收现付制度。

当人口急剧老龄化时，现收现付制不可持续，转变为基金积累制就是必然的路径。但转变为积累制要付出巨大的转轨成本。如果不能将制度转轨的成本分散到一段较长的时间内，其成本就将集中在当代人身上，令其难以承受。

所以，中国的养老金制度由“单一支柱”转变为“多支柱”势在必行。在未来很长一段时间内，中国人的养老依然要主要依赖“第一支柱”——社会养老保险，制度改革的重心在于分散现收现付制向积累制转轨产生的冲击，使过渡尽可能平滑。政策路径可以采用郑秉文等学者所主张的“名义账户”制（NDC），以平滑地向积累制过渡。如此，社会养老保险的替代率不可避免地会下降，所以需要“第二支柱”和“第三支柱”来弥补。

在形式上,我国已经建立了多层次的养老保障体系。按约定俗成的分类,“第二支柱”是企业年金和职业年金,“第三支柱”为商业养老保险。但现实中,当前的养老保障却几乎完全依赖现收现付的社会养老保险,职业年金仅限于体制内群体,企业年金的发展停滞不前。而商业养老保险的税收优惠政策多年未能落实。

2018 年 4 月初,财政部等部门联合印发了《关于开展个人税收递延型商业养老保险试点的通知》(下称《试点通知》),在上海等三地展开试点,标志着中国养老保险体系“第三支柱”的构建正在进行路径探索。

针对中国养老保险体系的现实问题,本文主要是结合发达国家商业养老保险发展的经验教训,分析我国商业养老保险发展的可能政策路径选择,以为政策制定和制度设计提供建议。

一、商业养老保险制度的国际比较

现代养老保险理论和政策一直在不断地发展和改革。从 1889 年德国建立《残障和老龄保险法》(*Gesetz Betreffend Die Invaliditatsund Altersversicherung*)起,经历了国家干预主义与自由主义的理论之争,达成了社会保障体系必要的共识,并不断地与新的经济、社会和制度因素相适应。

但是从 20 世纪 70 年代开始,发达国家逐渐面临着养老保险持续运营的压力。这种压力主要来源于两个方面。其中之一就是我国也正在经历着的人口老龄化问题。在第二次世界大战之后,各国普遍迎来了婴儿潮。然而随着时间的推移和生活水平的提高,主要发达资本主义的生育率逐渐下降,抚养比逐渐降低。世界银行预测 OECD 国家 2030 年 60 岁以上人口将会占其总人口的 16%[1]。养

[1] World Bank, *Averting the Old Age Crisis*, p. 10.

老金收支失衡的问题将会进一步加剧。另一方面则是资本主义生产方式带来的内部危机。经历了资本主义的黄金时期之后，上世纪70年代开始，西方发达资本主义陆续陷入滞胀经济的危机中。利润率持续下降，福特制生产方式被淘汰，政府和市场同时失灵。工会力量的壮大和企业盈利能力薄弱的矛盾集中爆发，倒逼西方发达国家的养老机制进行市场化、私有化改革。逐步形成了政府主导的国家养老保险兜底，政府引导的企业年金为补充，个人参与的商业养老保险为附加的三个层次的"三支柱"养老保险制度。

社会保障体系，特别是养老保险，在促进经济发展，提高劳动生产率方面也会起到巨大的作用。不少研究结果表明，如果社会保障体系能够健康运转并维持在对于社会的最优水平上，是可以显著促进劳动生产率和经济的可持续发展。国际劳工组织第89次会议报告指出，养老保险则从一个侧面保证了劳动力市场的健康发展。高龄职工没有后顾之忧的正常退休，年轻的劳动力有序进入劳动力市场，就可以使劳动生产率一直保持在一个较高的水准。

第三支柱，也就是商业养老保险，在繁荣劳动力市场中能起到更加独特的作用。就现状而言，不论是国家养老保险还是企业年金保险，其费用的缴纳通常基于劳动者与用工单位签订的劳动合同。当劳动者需要更换单位或者跨地区移动时，传统的养老保险机制的转移接续问题始终没有得到解决。商业养老保险则有显著不同。有着基金积累制内在的商业养老保险本质上是一种储蓄保险，计入个人账户的部分携带性有着充分的保障。因此第三支柱的发展更能活络劳动力市场。

在西方发达国家中，美国、德国和日本的养老保险制度，特别是对第三支柱商业养老保险的制度，值得我们研究和借鉴。

1. 美国商业养老保险

在众多西方发达资本主义国家中，美国的养老保险体量最大，市场化程度最高。商业养老保险占据了重要地位，其中年金保险近些年来的增长势头迅猛,个人退休账户发展平稳,承保 34%的美国家庭,拥有 30%的养老资产。与社会保险、个人储蓄共同组成美国保险的三个部分。截止到 2016 年末,美国养老资产总规模达到 24.7 万亿美元[1]。在我国实行个税递延型商业养老保险的过程中,如何高效安全地管理巨额养老资产,如何合理恰当地促进商业养老保险产品的发展与活跃,美国的经验是值得吸取的。

美国投资公司发布的官方最新数据显示,到 2016 年底,美国养老保险体系中,个人退休账户(IRAs)和确定缴费型雇主支持养老金计划占比最大,分别达到 7.9 万亿美元和 7.0 万亿美元[2]。作为一种自愿参加的养老金计划,IRAs 包含三种类型:传统的个人退休账户(IRA)、罗斯个人退休账户(罗斯 IRA)和雇主支持的个人账户计划。由于我国准备实行的商业养老保险的特殊性,在此主要分析相似程度较高的传统和罗斯 IRA。

传统 IRA 即是一种储蓄计划,但其在缴费环节和投资环节实行税收优惠政策,直到领取环节才缴纳个人所得税(EET 税收优惠模式)。罗斯 IRA 也是一种储蓄计划,但其在缴费环节和投资环节都缴纳税款,给付环节实行税收优惠,免除个人所得税(TEE 税收优惠模式)。不论哪种计划,在有应纳税薪酬的前提下,每年每个年龄不足 70.5 岁的人可以最多缴纳 5 500 美元(约 38 800 元)IRA 费用并申请免税。当缴费人年龄超过 50 岁时,还可以每年多缴纳 1 000 美元(约 7 050 元)。

两种计划的退休金领取方式也有差异。一般情况下,传统 IRA 投保人将从 70.5 岁当年的 4 月 1 日至第二年的 12 月 31 日开始,按时领取退休金。罗斯 IRA 的投保人直到账户所有人去世之前都不

---

[1] Investment Company Institute, 2017 Investment Company Fact Book—A Review of Trends and Activities in The Investment Company Industry, Ch. 7.

[2] 同上。

能领取。除了达到59.5岁、永久失能、已故所有者受益人、购买首套房产等特殊情况,提前领取养老金要额外支付10%的附加税。但没有或者不足额领取养老金,未领部分也要支付50%的附加税。

为了保证商业养老保险的正常有序运营,美国政府出台了一系列的法案和规定。其中的主要依据是1974年订立的《雇员退休收入保障法案》(ERISA)。为了防范养老金欺骗、盗用和管理不善的问题,该法案由美国劳工部(退休金福利管理委员会,PWBA)、美国国税局(IRS)、年金保险公司委员会(The Committee of Annuity Insurers)和司法部门共同解释和监督施行。随着监督部门和监督机制的完善,私人养老金市场渐渐成熟。大部分个人退休账户的拥有者也变得更愿意承担风险来获得投资收益。主要的投资机构选择也从之前的银行和人寿保险公司转变为共同基金公司。使得IRAs比401k企业年金享有更大的缴费和支取自由度。

2. 德国商业养老保险

我国养老保险制度的设计很大程度上借鉴了德国的制度。就养老保险的结构而言,我国和欧洲部分国家的状况类似,都面临着"三支柱模式"的失衡问题。由政府承办的养老保险第一支柱一家独大,企业年金和商业保险发挥作用十分有限。在德国养老保险体制改革前,退休人员的总收入超过80%都来源于法定养老金。在人口老龄化的挑战下,德国作为老龄人口占比21%[1],世界第三的国家,法定养老制度陷入困境。在德国政府进行了2001和2004年养老保险体制根本性的改革后,2005年正式转变为法定养老、企业补充、个人储蓄互相补充的三层次模式。德国的改革,对我国现在大力推广发展第三支柱商业养老保险有着启示作用。

德国现行的社会养老保险制度起始于俾斯麦时代,到今天已有

[1] World Bank,https://data.worldbank.org/indicator/SP.POP.65UP.TO.ZS.

近130年的历史。但在改革前,制度一直遵循的是线收现付制,这也正是养老金困境的由来。改革后,法定养老金只起到最基础的角色,基于基金积累制的第二、第三层次是保证更高老年生活水平的必要补充。而德国的第三支柱——商业养老保险主要由里斯特养老金组成。

里斯特养老金(Riester-Rente)是2001年德国养老保险改革,缩减法定养老保险下的产物。该计划是享受国家直接补贴和税收优惠双重制度支持的商业养老保险。不论是财政补贴还是免税额,在改革的过程中都在不断提高,以提升里斯特养老金的吸引力。对于一个家庭,目前每人每年的基础补贴是154欧元(约1 180元),2008年之前出生的子女,每人每年185欧元(约1 420元),2008年之后出生的子女,每人每年300欧元(约2 300元)。为了获得这些补贴,参保人应当使用上年收入的4%,最高2 100欧元(约16 100元)购买里斯特保险产品,并且这笔保费免征个人所得税。

同时,德国联邦金融服务业检察署(BaFin)会审查保险公司、银行和基金公司提供的里斯特养老金产品是否符合政府制定的相关标准,并颁发证明。其要求包括:保证本金安全,允诺终身年金,签约费用分五年平摊,最早62岁开始领取养老金,可以附加伤残保险和遗嘱保险,并且必须以书面形式将保费使用情况予以告知。投保人只有购买通过审查的保险产品才能获得国家资助。

里斯特养老金的推出获得了市场的认可,占据养老资金份额逐年增加,但也受到了不少批评。首先,该制度设计十分复杂,管理费用和营销费用高昂,最终这些成本都将转嫁到参保人身上,加重参保人负担。另一方面,里斯特养老金也有着商业保险的通病,销售误导、合同规制的问题在保险产品中都不同层次地存在。最后,里斯特计划的出发点虽然是好的,但是并没有达到收入再分配的目的。虽然税收递延的制度设计使得低收入者得到的税收优惠比例比高收入者更高。但从积累的绝对值上考量,低收入者所获得的补贴依然低于领取社会平均工资者，对积极找工作的劳动者产生负面效应。

3. 日本商业养老保险

作为国土面积十分有限的人口大国，日本面临着全球最严重的人口老龄化问题。在1948年颁布的《优生保护法》的影响下，日本生育率低下。随着时间的推移，老龄人口在社会总人口中的比重持续上升。作为世界上最早的面临人口老龄化问题的国家，日本在2016年世界银行的人口统计中，老龄人口的比例远超德国、瑞典等欧洲高福利国家，达到了27%[1]。日本作为东亚国家，有着与我国相近的文化氛围。同样的改革方向和实行政策，不同的民族文化会产生不一样的反响，在不同的国家会有不一样的效果。与美国、德国等传统西方国家相比，日本养老保险改革政策推行的结果，对我国应对人口老龄化、公共养老金收支失衡有着更为重要的借鉴意义。

日本的养老保险制度的雏形甚至可以上溯至明治维新时期的“恩给”制度，但真正的现代养老保险体系的建设则是起源于1954年。在这之后，日本政府先后建立了厚生年金和共济年金体系，并于1961年颁布《国民年金法案》，确立了“国民皆年金”的积累制政府主导年金制度。自此之后，政府主导的公共养老金就是日本养老保险体系中占比最大，也是最重要的组成部分。根据日本厚生劳动省的统计数据，公共年金占老龄家庭收入的70%以上[2]。但是日本年金的广覆盖和高福利得益于日本战后经济的迅速发展，同一时期出现的商业养老保险“个人年金”由于公共年金的替代效应步入低潮，再加上日本20世纪60年代后持续的高通胀率使得个人年金

---

[1] World Bank，https://data.worldbank.org/indicator/SP.POP.65UP.TO.ZS.

[2] 日本厚生劳动省，http://www.mhlw.go.jp/toukei_hakusho/。

吸引力不足。1980年之后，通货膨胀率趋于平稳。在人口老龄化和经济增长放缓的双重压力下，公共年金财政趋紧，养老金替代率相对较低的问题凸显。日本政府被迫调整其公共年金制度，一方面逐步提高国民年金和厚生年金的保费，进行开源；另一方面延迟退休年龄，缩减60—65岁人群的养老金，进行节流。

在这种大环境下，日本的个人年金业务迎来了发展良机。为了保证更加富裕的老年生活，在世界银行的倡导下，人们意识到了多支柱养老保险体系的必要性。日本政府在1984年税制修改中，对个人年金的保费扣除做出了规定。其后多次修改，直至2010年新税法落地。个人年金保险保费每年所得税扣除政策见表12-1[1]：

表12-1　日本个人年金保险保费每年所得税扣除政策

支付保费额	扣除金额
20 000日元(约1 160元)	全部保费
20 001—40 000日元 (约1 160—2 320元)	10 000日元(约580元)+总保费的1/2
40 001日元以上(约2 320元)	20 000日元(约1160元)+总保费的1/4
最高限额80 000日元 (约4 640元)	

在政府的政策引导下，包含银行、信托、保险在内的多方机构先后进入个人年金市场，提供了多样化的年金产品。“储蓄型”年金与老年人生死无关，而是把储蓄年金和利息以年金的形式领取，金额和期限相对灵活，可以满足不同人生活的需要。“保险型”年金则可保障“长寿风险”，在生存期内投保人都可以领取年金。1986年之后，“保险型”年金更进一步发展为变额保险。“终身型”变额保险具有终身保障的效果；“有期型”变额保险期限在十年以

[1] 日本所得税法，https://www.mof.go.jp/english/tax_policy/。

上，除有覆盖整个投保期的保障外，期满生存的还可以领取满期保险金。

二、构建基于个人养老账户的“第三支柱”

根据《试点通知》，其制度安排为“对试点地区个人通过个人商业养老资金账户购买符合规定的商业养老保险产品的支出，允许在一定标准内税前扣除；计入个人商业养老资金账户的投资收益，暂不征收个人所得税；个人领取商业养老金时再征收个人所得税”。

其中，个人商业养老资金账户“是由纳税人指定的、用于归集税收递延型商业养老保险缴费、收益以及资金领取等的商业银行个人专用账户。该账户封闭运行，与居民身份证件绑定，具有唯一性”。

同时，“试点结束后，根据试点情况，结合养老保险第三支柱制度建设的有关情况，有序扩大参与的金融机构和产品范围，将公募基金等产品纳入个人商业养老账户投资范围”。

这些安排与郑秉文等学者建议的制度安排相同。个人商业养老资金账户具有良好的便携性，不会妨碍人力资源的自由流动。而且，此账户兼具保险性和投资性的双重功能，既可作为购买保险产品的交易型账户，也可作为投资的资本化账户，可适用于不同层次的社会需求和不同群体的风险偏好。

试点方案的主要激励机制在于税收优惠，其方式类比美国传统IRA的激励机制（EET税收优惠模式）。允许一定标准的免税额度、对投资收益“暂不征收个人所得税”和领取时缴税的设计可以适当平滑劳动者一生的收入曲线，达到用减免个人所得税来激励试点政策落地的效果。

但税收优惠激励的发挥有赖于税制的改革。例如，因为我国当前并没有建立课征资本利得税的统一税制，所以对投资收益免税在当前并无激励作用。且个人所得税的起征点不断上调，纳税人群规模缩小,激励作用随之减弱。

个人商业养老保险的发展尤其应当注重其与企业年金的关联。同样具有税收优惠的年金虽经多年发展,依然规模小,覆盖面窄,集中于垄断性的国有企业,远未发展成有力的“第二支柱”。在有些情况下,反而有可能对个人商业养老保险产生“挤出效应”。

“第二支柱”和“第三支柱”本就不是泾渭分明。拿西方发达资本主义国家举例,美国的商业养老保险除了我国借鉴的 IRAs 以外,还有雇主支持的个人账户计划。德国的吕路普养老金(Rurup-Rente)更是将商业养老保险和政府法定养老保险相混合。针对我国小微企业较多的现实情况,可以参照美国 SIMPLE IRA(Savings Incentive Match Plane for Employee)的经验。该制度的设计更有利于公平性和人的自由流动,有利于微小企业就业人员。此外,针对一直以来“第二支柱”徒有其表的症结,可以将个人商业养老资金账户与年金的过渡账户对接。当个人因工作变动,雇主不再代扣代缴年金时,可将其中资产转入个人账户。甚至可以将个人养老账户与企业年金连通,将两者税收优惠的比例或额度统一,即将两者的税收优惠合并,来加强税收优惠的激励政策,助力现收现付制向基金积累制的转轨。

“第三支柱”的构建同时也需要保险和资本市场的发展,提供开放成熟的市场环境。中国的金融市场开放和成熟程度不足,缺乏有吸引力的养老保险产品,所以中国家庭偏爱不动产和存款。

应清醒地认识到,建立“第三支柱”政策目的并不是将居民的银行存款转移到个人养老储蓄账户,以实现机构化运营,保值增值,并用于养老。中国家庭将大部分资产配置为不动产和存款是理性选择,在土地等制度理顺之前,几乎不可能改变。而且,“第三支柱”是否能够弥补社会养老保险的替代率下降也存疑。毕竟,在市场环境成熟的美国,401(k)和 IRA 历经 40 余年才发展到今天的规模,而中国的老年抚养比在 40 年后将恶化至 1∶1。

更为重要的是，对于养老金，应该摆脱制度持续和技术参数改进的“工具理性”束缚，回到社会目的。当前养老金制度面临的两大根本性问题，一是，历史负债；二是，人口结构老化。前者终究只是阶段性问题，后者才是社会（而不只是养老金制度）可以持续发展的关键。

即便养老金制度改革为完全积累制，深度老龄化的社会也会陷入经济发展停滞，养老储蓄的保值增值难以实现。所谓全球配置资产会有巨大的不确定性，也就是风险。而大规模引进移民，对于我国而言又难以接受。

除非生物医学技术能改变人类衰老或生育的过程，针对人口结构老化需要提出根本的解决之道：调动政策工具激励生育，将总和生育率维持在一定水平。其关键在于社会再分配的系统性变革。例如，我国当前的税制不是以家庭为单位（或因是否抚养未成年子女而有区别），商业养老保险的税收优惠对于生育意愿仍是负激励。我国首胎生育率持续下降，二孩需求接近释放完毕的问题依旧无法解决。

三、政策建议

福利经济学派代表人物庇古在其代表作《福利经济学》中系统阐述了收入分配调节的理论。他提出，所有社会成员效用的总和构成了社会福利，而国民收入总量的多少和国民收入分配的平均程度是影响经济福利的两大因素。根据边际效用递减规律，庇古认为，将富人手中的1英镑转移支付给穷人，富人损失的效用要小于穷人增加的效用，社会总的经济福利增大。在此之上，萨缪尔森等人加入社会福利函数，补偿原理，帕累托最优等分析工具，说明资源的最适配置下，经济是有效率的，社会福利达到最大化，形成了新福利经济学。这个学说可以说是为社会保障制度奠定了理论基础。

瑞典学派又称斯德哥尔摩学派,推行充分就业和收入均等化的政策。他们认为资本主义的生产制度可以促进资源的最优化配置和增加效率,是优越的。但资本主义的分配制度会带来贫富悬殊,阶级对立,是有缺陷的。因此只有强调收入再分配,加大转移支付,建设完备的社会保障体系,才能弥补初次分配中的不平等,从而增加社会总效用。

马克思在《哥达纲领批判》中对于社会主义的社会保障体系也有论述。他认为社会主义初级阶段必须建立保险制度,且这项基金是社会总产品的一种扣除。马克思指出“如果我们把‘劳动所得’这个用语首先理解为劳动的产品,那么集体的劳动所得就是社会总产品。现在从它里面应该扣除:第一,用来补偿消费掉的生产资料的部分。第二,用来扩大生产的追加部分。第三,用来应付不幸事故、自然灾害等的后备基金或保险基金。……剩下的总产品中的其他部分是用来作为消费资料的。在把这部分进行个人分配之前,还得从里面扣除:第一,和生产没有关系的一般管理费用。……第二,用来满足共同需要的部分,如学校、保健设施等。……第三,为丧失劳动能力的人设立的基金,总之,就是现在属于官办济贫事业的部分”。社会保障基金正式通过两次扣除的再分配原理实现的。这个思想就是社会主义国家建立社会保障体系的理论基石。

这些理论表明,我国不可能放弃当前的普惠养老保险体系,将养老的重担完全推给社会和个人。原有制度运行中的问题,只能通过不断的深化改革,释放改革红利来解决。只有这样,才能达成习近平总书记提出的“两个一百年”奋斗目标,才能贯彻协调和共享的理念。同时,也不应该将改革的成本完全压在某代人或者某部分人身上,而是要按照习近平总书记在十九大报告中所指出的,按照兜底线、织密网、建机制的要求,全面建成覆盖全民、城乡统筹、权责清晰、保障适度、可持续的多层次社会保障体系。全面实施全民参保计划。完善城镇职工基本养老保险和城乡居民基本养老保险制度，尽快实现养老保险全国统筹。促进全国人民同步迈入全面小康社会。

基于这些理论，结合西方发达资本主义国家的历史经验和上述对中国养老保险体系现实的认识，提出如下政策建议：

1. 将当前的社会养老保险的社会统筹部分转轨为“名义账户”制，将由现收现付制向积累制转轨产生的冲击分散到较长的一段时间内，以期平滑地向多支柱体系过渡。

2. 针对由于社会养老保险替代率下降的问题，应发展“第二支柱”和“第三支柱”来弥补。鉴于中国当前的就业和人力资源流动，以及不同人群之间替代率差异的现实，应加快试点进程，大力发展基于“个人商业养老资金账户”的“第三支柱”，使其与年金连通，利用税收优惠激励迅速推广。

3. 养老金体系的根本问题不在于养老保险制度内部，而在于人口结构。应调动政策工具激励生育，将总和生育率维持在一定水平。与美国和法国不同，中国不是移民国家，需要更多地依赖公共政策来拉升生育率。公平合理的二次分配体系是其中关键。税制改革和公共财政支出是两大重要的改革方向：在税制改革的宏观框架下，以商业养老保险的 EET 为开端，应加大对养育孩子的家庭进行税费减免的补贴力度；同时，大幅增加对妇女、儿童的社会保障，提供更多的公共支出和公共服务；以减少抑制生育率的社会经济因素影响。

中国如何跨越中等收入陷阱

一、什么是“中等收入陷阱”？

在一些发展中国家由低收入国家行列进入中等收入国家（人均 GDP4 000—5 000 美元）行列之后，经济长期停滞不前，总是在人均 GDP4 000—5 000 美元徘徊。世界银行在《东亚经济发展报告（2007 年）》中提出了“中等收入陷阱”（Middle-Income Trap）这一概念。

“中等收入陷阱”是指：不少中等收入国家经济长期停留在中等收入阶段，原有的增长机制和发展模式中的矛盾爆发出来了，原有的发展优势渐渐消失了，它们迟迟不能越过人均 GDP10 000 美元这道门槛，进入高收入国家的行列。东亚的菲律宾、马来西亚、印度尼西亚就是这样的例子，拉丁美洲的墨西哥、阿根廷、智利也一样，它们都长期陷入“中等收入陷阱”之中。

据世界银行的专家分析，落入“中等收入陷阱”的国家遇到两方面的困难：

一方面，由于国内工资收入水平的上升，这些国家无法同低收入国家的廉价劳动力竞争，某些低收入国家在劳动密集型工业的出口竞争中比中等收入国家的同类商品更具有优势，在吸引外资方面也更有吸引力。

另一方面，由于缺乏能与发达国家竞争的优势产业、先进技术和自主创新的产品，中等收入国家的困难加大了，它们迈入高收入国家行列的机会没有了。

除了以上两方面的原因而外，还不能忽视另一个关系陷入“中等收入陷阱”的国家的致命问题，即这些国家已经丧失当初由低收入国家向中等收入国家挺进时的那种艰苦拼搏的精神和斗志了。一般民众更多地追求福利社会的成果，总希望政府把更多的资源用来实现福利社会的各种目标，否则就对政府不满，于是胃口越来越高，难以自拔。一般民众不了解福利社会主要是在高收入阶段才逐步实现的。

更为严重的是社会上对政府官员的腐败行为的不满加深了。眼看到政府官员的贪污、受贿、敲诈勒索、滥用职权牟取私利等等情况，结果使一般民众信心大大下降，或者社会动乱不已，或者移民外国，或者消沉、失望甚至绝望，他们不再像当初创业阶段那样致力于经济振兴了。一般民众的消极、颓废、失望、绝望情绪成为落入“中等收入陷阱”的国家的又一致命伤。

二、经济在发展到一定阶段后可能转为停滞，历来是学术界重视的课题

工业化以来，一批有眼光、有远见的经济学家在自己的著作中都提到类似于“中等收入陷阱”的问题，他们注意到在一些国家，当经济发展到一定阶段可能停滞，只是用词不一样，观察的角度不一样而已。

这里举三个例子：一是马克斯·韦伯提出的信念与动力学说；二是帕累托提出的优秀分子循环学说；三是罗斯托提出的早熟消费学说。

马克斯·韦伯是19世纪末20世纪初德国著名的经济学家、社会学家、历史学家。他的信念与动力学说是从宗教伦理的角度来解释资本主义兴起的原因的。他指出：新教是欧洲“宗教革命”中的产物，它的伦理观不同于旧教。旧教的伦理观是：人是上帝的仆人，人是有罪的，人怎样赎自己的罪？一是把终身奉献给上帝，进修道院，当修士修女，不娶不嫁；二是把财产捐献给教会，用于修建教堂，也用于救济穷人。教会有时还出售赎罪券，以帮助人们赎罪。根据这样的伦理观，经济怎能发展起来？新教的伦理观则是：人是上帝的仆人，人有罪，怎样赎自己的罪？必须勤奋工作，节俭生活，积累财富，创造事业，这就是新教徒的天职。积累的财富越多，创造的事业越大，新教徒的天职就完成得越好。韦伯认为，在这种信念的指引下，动力充足，人们都发奋工作，结果，荷兰、英国兴起了，北美殖民地开发了。韦伯由此指出，经济的持续发展，有赖于人们有信念，有精神动力，有责任感。如果人们缺乏信心，缺乏动力，缺乏责任感，就不可能有新的创业。

帕累托是19世纪末20世纪初著名的经济学家和社会学家。他在经济学方面的最大贡献在于他是福利经济学的创建者之一。

他在社会学方面的最大贡献则是提出了优秀分子循环学说。优秀分子通常也被译为“精英”或“精英分子”。帕累托认为,优秀分子第一代是强人,是创业的一代。但优秀分子第一代虽然自己一定是强人,但在创业成功之后,一般不用强人,而要用服从的人,即不管可供选择的继承人中有没有在才能上、智慧上超过自己,甚至和自己不相上下的人,都不会被选中,而只有服从自己意志的人才能接班,这样,第二代肯定不如第一代。如果第二代又按照相同的模式选择接班人,同样选中的是服从、听话的人,第三代又肯定不如第二代。再往后,事业非垮不可。因此,优秀分子总是循环的。所谓“富贵不超过三代”“三十年河东,三十年河西”,就是这个道理。

罗斯托是20世纪中期享有盛名的美国经济学家、经济学史学家。他所著的《经济增长的阶段》一书,有很大影响。“起飞”这个术语,至今一直被广泛使用,这是罗斯托首先提出的。他在研究各国经济发展过程中,采用了“早熟消费”这个术语,受到其他研究人员的关注。“早熟消费”是指:工业化国家在经济增长到一定程度后,很快就会转入大众高额消费时代,家用电器、私人住宅、小汽车等耐用消费品进入居民生活中是比较自然的。但消费者有很广泛的示范效应。发展中国家接受发达国家的生产技术难,接受高消费模式容易,于是也很快转入高额消费时代。这就被罗斯托认为是“早熟消费”。罗斯托认为,“早熟消费”的出现并不是正常现象。这是因为,一国经济“起飞”以后,将进入成熟阶段,成熟阶段的标志是重工业化建立了,人均收入达到较高的水平,从而再进入大众高额消费阶段,这时的大众高额消费是同经济发展程度相适应的。而“早熟消费”则是指一国经济“起飞”后尚未“成熟”之前,就接受了高消费模式,把经济中的资源大量用于消费,增长便停滞不前了,这是应当避免的。

尽管上述这些学说并未直接提及“中等收入陷阱”,实际上已从不同的角度说明了一些发展中国家为什么在经济发展到一定程度会陷入停滞的困境。这或者是由于信念缺失,动力不足;或者是由于国家或企业领导人不再像当初那样有才干,有魄力,有致力于经济振兴和创业的冲劲,他们要么平庸无能,要么贪图享受;还有一种可能,即过早地陷入对高消费模式的追求,资源被大量用于消费领域,用于享受了。

“中等收入陷阱”终于出现。世界银行2007年报告中之所以提出“中等收入陷阱”概念,正是20世纪后半期以来一些已落入“中等收入陷阱”的发展中国家的教训的总结。

不妨再做进一步分析。“中等收入陷阱”,实际上包括了三个“陷阱”,它们分别是:

第一,“发展的制度陷阱”;

第二,“社会危机陷阱”;

第三,“技术陷阱”。

现分别对这三个“陷阱”做些说明。

三、“中等收入陷阱”与“发展的制度陷阱”

已经或正在落入“中等收入陷阱”的发展中国家主要是从传统社会走向工业化社会的国家。在它们从低收入国家行列进入中等收入国家行列时,不一定经历了传统制度的激烈变革阶段,而可能还保留着较多的传统社会的特征,传统势力和传统的社会组织形式还起着很大的作用。这些特征和势力往往在农村,尤其是经济落后的山区、边远地区表现得相当顽强,它们成为这些国家发展的制度障碍,也就是“发展的制度陷阱”。

一个明显的例子就是土地制度依旧保留着工业化以前的状况。基本上有三种不同的表现:一是传统的社会组织仍保持着土地的氏族共有性质,但农村的土地仍掌握在最有势力的氏族和家族长者手中,土地并未受到市场化和工业化的影响;二是土地已经受到市场化的影响,农村中所发生的土地关系变化表现于一些有势力的权贵们对土地的占有,从而形成了大地产制度或新建的种植园制度:大地产通常采取租佃制生产,佃户没有地产,他们是失地阶级,而新建种植园的劳动者或者是雇工,雇工没有土地,他们靠微薄的工资为生,或靠在种植园内领得一小块份地,自行耕种,作为工资的替代品;三是在一些国家或地区经历过初步土地制度改革,农民曾分得一小块土地,但在市场经济中,农民中间发生了两极分化,土地兼并加紧进行,有些农民因种种原因,渐渐丧失了土地,又成为无地的农民。

无论哪一种情况,土地分配的不均和贫富差距的增大都成为一些发展中国家面临的发展的制度障碍或"发展的制度陷阱"。

除了土地问题迟迟未能解决以外,发展的制度障碍或"发展的制度陷阱"还表现在以下这些方面:

第一,传统组织和氏族、家族势力根深蒂固,阻碍了市场化的继续推行,地方政权大多数受到这些势力的操纵,成为大地产主或种植园主的工具,地方政府官员成为大地产主或种植园主的代理人。公平竞争的市场秩序在广大地区尤其是偏远地区难以建立。

第二,这些国家中,传统社会的限制和土地制度的不合理,使农业劳动生产率低下,农村的收入增长率大大低于城市的收入增长率。农村购买力普遍低下,造成内需不足,限制了工业化的继续推行,市场化步伐受到严重限制。

第三,发展中国家要进一步发展经济,必须有财政的支持。然而在这些国家,由于市场经济发展受阻,财政通常十分困难,只能靠增税来维持,而财政收支仍经常有巨大缺口,财政赤字无法弥补,结果形成了财政赤字与经济增长率低下交替的恶性循环。

第四,发展中国家要进一步发展经济,必须有金融的支持。然而在这些国家,金融业的发展通常是畸形的:一方面是资本找不到合适的投资机会,没有出路;另一方面是资本严重不足,高利贷盛行。造成这种畸形金融状况的制度障碍主要是金融机构或者被外资控制,或者被官僚和权贵们控制,民间金融不得不转入地下活动。

第五,在这些国家,发展的制度障碍还在于社会垂直流动渠道被严重阻塞了。社会垂直流动渠道通常比社会水平流动渠道更重要。这是因为,只要没有迁移受限制的户籍制度,农村或集镇的居民可以自由迁往城市居住并在那里就业,其后果主要反映为城市生活环境恶化,出现贫民窟或棚户区,社会治安状况不佳等。而社会垂直流动渠道通畅,则可以调动低收入家庭成员努力学习和工作,以及自行创业、发家致富的积极性。反之,社会垂直流动渠道的严重阻塞,将会对经济的发展和社会的安定都会产生消极的影响。社会垂直流动渠道的严重阻塞,主要是制度性的问题,可能和垄断的存在、利益集团势力强大,以及社会上种族歧视、身份歧视、宗教与文化歧视、性别歧视等有密切关系。

如何克服发展的制度障碍?如何避免落入“发展的制度陷阱”?对发展中国家而言,唯有通过对传统体制的改革,才是出路。这里包括对不合理的土地制度的改革、完善市场经济体制的改革和从制度上消除各种歧视。

然而,深化改革对这些发展中国家而言,绝不是一件容易的事情。阻力越来越大,主要原因是:改革拖得越久,利益集团的力量越来越扩张,改革付出的代价也越来越多。

以这些发展中国家的土地制度改革为例。如果在工业化开始前,或者在工业化刚开始时,对传统的土地关系就进行调整,使“耕者有其田”的主张得以基本实现,同时采取立法措施保护农民财产,限制以强凌弱式的土地兼并,也许后来不会造成那么严重的“发展的制度陷阱”。如果在发展之初,采取土地赎买政策,让拥有大地产或大种植园的地主取得土地赎金而转投于工商业,也不至于后来的土地重新分配方案会遇到那么大的阻力。然而,改革的最佳时机一旦错过,以后再改革就会难得多。

何况，以后要深化改革，谁来主持这场改革？利益集团及其代理人、支持者是不愿这么做的，因为他们的切身利益必然会受到损失。谁来主持和推进改革的深化呢？单靠少数有正义感、责任感的知识分子，他们力不从心，不可能实现这项任务，在激烈的政局动荡中，他们会很快被排挤掉，或者被逮捕，被流放国外，或者被杀害。如果单靠下层社会的穷人，特别是贫困农民来从事改革的深化，很可能酿成暴乱，喊出极“左”的口号，实行极端的“均贫富”政策，甚至演变为一场内战，不仅无济于事，而且只能使局势越演越乱。

这就是这些落入“中等收入陷阱”的发展中国家的深刻教训。

四、“中等收入陷阱”与“社会危机陷阱”

“社会危机陷阱”是发展中国家在经济发展过程中遇到的另一个“陷阱”。它是怎样形成的？原因很多，归结起来，无非是贫富差距扩大、城乡收入差距扩大、地区收入差距扩大和缺乏社会管理创新所造成的。

在这里，首先要分析这些发展中国家经常遇到的失业和通货膨胀难题。

对发展中国家而言，就业压力始终是存在的。经济发展到一定程度后，农村中的青壮年，包括农村妇女在内，走出农村寻找工作的人越来越多，因为早离开农村在城镇中找到工作的人有示范效应，会吸引更多的农村中的男女青年向往城镇，不断走出来，求职人数超过城镇的就业岗位数，所以就业成为城镇不得不面临的巨大压力。

同样的道理，在经济发展到一定程度后的发展中国家，由于投资需求增大，财政支出增大，便有了需求拉动型的通货膨胀压力；由于土地、原材料、燃料供给紧张，房地产价格上涨，生产成本上升，又有了成本推进型的通货膨胀；加之，在发展中国家经济发展过程中同国际市场的关系日益密切,它们越来越卷入全球化的浪潮,所以无论从商品流通渠道看,还是从资本流通渠道看,它们都有可能发生国际输入型的通货膨胀。通货膨胀使发展中国家国内民怨增长,使公众增加了对贫富差距扩大的不满,对政府的不满,对执政党的不满。

如果发生的是成本推进型的通货膨胀或国际输入型的通货膨胀,那就会同失业交织在一起,形成失业与通货膨胀并发,也就是通常所说的“滞胀”。“滞胀”必将使这些国家的中产阶级受到打击,更重要的是使失业者和低收入家庭愤怒、绝望,“社会危机陷阱”不可避免地形成了。

“社会危机陷阱”的出现造成社会动荡,农村更加贫困,城市贫困人数增多,经济增长因城乡居民购买力下降而无法实现,因此政局发生急剧变化,街头政治活跃起来,激进分子煽动大众起来推翻政府,并提出极端的政治主张。有钱人家相继移居国外。这时,任何想改革和发展的政治家都感到束手无策,不知从何处下手。这些发展中国家只得长期落入“中等收入陷阱”之中,无法自拔。

就这些发展中国家的实际状况而言,要迈出“社会危机陷阱”,必须进行重大改革,然而,在发展的制度障碍刚出现时,尽管改革的困难已比经济发展初期大很多,但只要政府的决心大、魄力大,仍有可能推进,而在“社会危机陷阱”出现后,改革的难度就更大了。在“社会危机陷阱”的影响下,政局已不安定,再谈“改革中发展”或“发展中改革”,都使得政治家不知所措,通常以“自保”为第一目标。

比如说,由于贫富差距日益扩大和利益集团的势力比过去强大得多,这使得想进行改革的人左右为难,如果不想得罪穷人一方,就会得罪利益集团一方,任何改革措施都难以使双方满意,有时甚至会使双方都不满意,改革因此半途而废。

要缩小城乡收入差距,在那些土地关系严重有缺陷的发展中国家,必须对现存的土地制度进行改革,但无论是住在农村的还是住在城里的大地主家族或大种植园主利益集团,都会反对土地改革,甚至连妥协的、折中的土地改革方案也被他们反对。这是落入“社会危机陷阱”的发展中国家最难解决的问题。

要缩小地区收入差距,一定要从下述三个问题着手:一是增加贫困地区的就业机会,二是改善贫困地区的投资条件和发展条件,三是向贫困地区输入资本。但这三个问题都是不容易解决的。如何增加贫困地区的就业机会?必须增加投资。如何改善贫困地区的投资条件和发展条件,同样必须增加投资。发展中国家没有足够的资本,巧妇难为无米之炊。那么,贫困地区能不能依赖本地区以外、本国以外的资本输入呢?这也是不容易做到的,因为必须有赢利前景,而且即使有赢利前景,又取决于投资的安全问题。资本不可能自动流入动荡中的贫困地区。

为了保证贫困地区能有一种适合于各项改革措施能有效地推进,在改革和发展过程中保持正常的社会秩序,社会管理工作应有所改变,通常是指在贫困地区、经济落后地区和居民失业人数较多的城镇,推行农村和城镇社区的居民自治,采取各种化解民间矛盾,尤其是地方贫富隔阂、官民隔阂的社会管理创新的措施。对民间的突发事件,要采取应对预案,早做准备,早做疏导,早进行化解。在一些发展中国家,对民间突发事件如果处置不当,很容易发生大的骚动,最后加深了矛盾,甚至激发更大的社会冲突。这在一些发展中国家往往同当地的民族矛盾、宗教矛盾、氏族或家族矛盾、地方派系矛盾纠缠在一起,民间酿成的社会冲突必须在刚开始时采取适当的对策,及早化解,因此,社会管理创新就显得格外重要。

五、“中等收入陷阱”与“技术陷阱”

一些落入“中等收入陷阱”的发展中国家之所以长期经济停滞,摆脱不了困境,同技术上难以有重大突破有关。它们认识到,如果技术上没有重大突破,缺少自主创新,缺少产业升级,缺乏技术先进的优势产业,是难以使人均 GDP 越过中等收入阶段与高收入阶段之间的门槛的。但在这方面,它们往往无能为力。为什么?这主要是因为:技术创新必须同资本市场创新结合。如果缺少这种结合,这些发展中国家,即使已有一定的制造业基础,要想在尖端技术方面有重大突破,也是可望而不可即的。这种情况就是“技术陷阱”。

要知道,在不少发展中国家,尖端人才仍然是不足的。为什么会出现这种情况?一是由于社会垂直流动渠道的严重阻塞,利益集团势力强大,通常缺乏鼓励人才脱颖而出的机制,所以科技领域的高端人才被埋没了,受压制了。二是由于工资待遇、福利待遇、社会保障和工作环境的影响,不少在国外学有所成的人才不愿回国工作,而愿意受聘于国外,留在国外长期不回。三是本国培养的人才受到同样的吸引力,流向国外。这样,尖端人才的不足是很自然的。

一些发展中国家之所以在尖端技术领域和产业升级方面有巨大困难,是由于本国的资本市场发育不全。简单地说,那里的资本市场是先天不足,后天失调,再加上金融专业人才不足,金融监督松弛,腐败丛生,投资者望而生畏,把创业投资视为畏途。

这些国家的富人尽管拥有较多的财富,但从来都把不动产的持有看作是首要目标。即使从事实业投资,也一直把采矿业、建筑业和劳动密集型制造业作为重点,很少涉及风险较大和自身又不存在优势的先进技术设备制造和新兴产业,因为他们在这方面并无把握。

在发达的西方市场经济国家,从来都要依靠较完善、较完整的资本市场体系来为技术创新的开展与推广发挥融资作用。然而在这些发展中国家,如上所述,既由于资本市场不完善,又由于富人作为投资主体不愿涉及风险较大的行业,所以不仅资本市场发展不起来,而且高端技术、自主创新、新兴产业也难以取得重大进展。富人作为投资主体,太急功近利了,只想迅速获得暴利。如果股市看涨,他们常常带着投机的想法,大量涌入,徒然增加资产泡沫;一旦股市看跌,他们又匆匆撤离资本市场,造成资本市场无声无息,不起作用。这在一定程度上归因于发展中国家一直缺乏有战略眼光的、有志于振兴民族经济的企业家。另一方面,这也在一定程度上归因于一些发展中国家的政府几乎从不关心改善资本市场的现状,使得先天不足,后天又缺少政府对资本市场的关心和扶植,使资本市场未能在技术创新和新兴产业崛起中发挥应有的作用。

六、中国完全可以绕开或越过"中等收入陷阱"

中国至今仍然是一个发展中国家,而且由低收入国家行列进入中等收入国家行列的时间并不久。在中等收入阶段继续前进时,中国会不会遇到"中等收入陷阱"而深深地落入其中,这已经成为人们关注的热点问题之一。中国将会落入这一"陷阱",这是唱衰中国经济的人们的意见,甚至是他们的愿望。中国不会落入这一"陷阱",这虽然也是一种愿望,但也只是一种假定,因为这里还有若干假设条件,需要探讨。

假设之一:在中国经济发展的现阶段,如果遇到发展的制度障碍,该怎么对待?是继续推进改革,清除这些制度障碍(如城乡二元制度、市场的不公平竞争、环境等等),还是犹豫不决,不敢或不打算采取有效措施,或者认为这些方面的障碍在现阶段的格局下不可能阻碍中国经济的继续前进?如果采取第一种对策,即下定决心,大力推进相关的改革,那就可以绕开或越过发展的制度障碍而不至于因此落入"中等收入陷阱"?

假设之二:要对中国现阶段和在经济继续发展的过程中的社会冲突的状况和趋势做出实事求是的估计,正确对待已经露头的社会不和谐迹象,既不能视而不见或听之任之,也不要惊慌失措。正确认识，正确评价，正确对待，是最重要的。如果认为贫富差距、城乡收入差距、地区收入差距等等问题确已到了必须正视而不能忽略的程度，那就应当采取有效的措施来一一缓解，以增加社会的和谐程度。这样就可以防患于未然。否则，不是没有可能导致社会不安定和社会矛盾激化，落入“中等收入陷阱”的。

假设之三：在中国今后经济发展过程中，如果绕不过“技术陷阱”，不能在自主创新、产业升级、新兴产业壮大和尖端技术方面有重大突破，如果资本市场依旧是不完善、不完整的体系，技术创新得不到资本市场的有力支撑，也就是说，中国的产品不能以“中国创造”代替“中国制造”，那么即使人均 GDP 到了 10 000 美元，也会停留在中等收入阶段，而不能迈入高收入阶段，中国资本市场并没有发挥出在促进技术创新中的应有作用。

假设之四：在中国，必须摆脱过去长时期内支撑经济增长率的模式，即主要依靠政府投资的旧模式，转而实现投资与消费并重的拉动 GDP 增长的模式，再进而实现消费需求带动为主、投资需求带动为辅的拉动增长模式。这才会形成经济的良性循环增长模式，才能避免经济的大起大落，避免失业与通货膨胀的交替出现，也才能避免失业与通货膨胀并发状况的发生。否则，即使 10 年后中国人均 GDP 超过了 10 000 美元，仍不能认为中国经济走上了稳定、健康增长的道路。

假设之五：中国民间蕴藏着极大的积极性，中国之所以在改革开放之后能够在发展中取得这样显著的成绩，全依靠改革开放以及由此调动了民间的积极性，一个重要的原因是民营经济作为国民经济的重要组成部分迅速成长壮大了。如果今后循着这样一条道路走下去，致力于发展民营经济，培养一批又一批有战略眼光的、有志于振兴民营经济的企业家，中国一定能继续越过“中等收入陷阱”，进入高收入国家行列。反之，如果认为民营企业的发展到此为止了，那么民营经济将受到抑制，民间积极性将受到挫伤，这不仅阻碍了中国经济的继续成长,而且还会引发一系列社会问题,最突出的是失业问题、贫困地区脱贫致富问题,以及城镇化推进问题等等,中国落入"中等收入陷阱"也将成为事实。

七、"中等收入陷阱"问题的提出为发展经济学的研究提供了明确的方向

从世界上某些发展中国家的发展经历可以了解到,世界银行报告中提到的"中等收入陷阱"是明确存在的。而通过上述分析,中国完全可以绕开或越过"中等收入陷阱"这一判断,也是有根据的。这是两个不同的问题,不可混为一谈。

但是,难道只有"中等收入陷阱"而没有其他"收入陷阱"么?绕开"中等收入陷阱"以后,能够由此认定不会再出现"陷阱"么?这些问题都需要讨论和研究。

其实,在低收入阶段,有些贫困国家不也落入了"低收入陷阱"么?古代的情况就不必细说了。每一个国家在历史上都曾长期在低收入阶段徘徊不前。就以近代和现代来说,有些最不发达国家,不是长时期停留在人均GDP1 000美元以内无法摆脱困境么?这难道不是"低收入陷阱"?这种情况可能比"中等收入陷阱"更为普遍,更值得关注。

当一个国家的人均GDP越过了3 000—5 000美元这一道坎,再往后看,人均GDP10 000—12 000美元不又是另一道坎?如果到此经济就止步了,难道不仍然是"中等收入陷阱"在作怪么?不妨称这时的陷阱为"中等偏上收入陷阱"。

再说,人均GDP达到12 000美元被认为是划分低收入阶段和高收入阶段的一条分界线,越过了人均GDP12 000美元就算是高收入国家了。在高收入阶段,难道不会发生所谓的"高收入陷阱"么?未必如此。当初,当希腊人均GDP迈上了12 000美元这个台阶时,

世界银行对此大肆宣传,并向希腊表示祝贺,认为这是一个重大的进展。曾几何时,2011 年,希腊人均 GDP 已经超过 20 000 美元了,却遇到种种困难,经济增长停滞,失业猛涨,民怨沸腾,社会动荡,不得不乞求欧盟国家伸出救援之手,这不是“高收入陷阱”的一个典型例子么?西班牙、意大利、爱尔兰的情况不是同希腊相差无几么?甚至像日本这样的高收入国家,人均 GDP 超过 40 000 美元以后,不也遇到经济长期停滞的困难么?当然,一个高收入国家的经济停滞也许是因为受到国际金融风暴的冲击,或者是受到国际经济衰退的影响所致,但时间稍长而一直难以摆脱停滞、衰退,必有其深刻的内在原因,因此称它们落入了“高收入陷阱”,是有道理的。

那种认为一国的经济增长只要越过某个门槛就会顺利地增长的说法,并没有足够的说服力。世界银行报告中提出的“中等收入陷阱”概念,就属于这一类说法之列。这使人们回想起 20 世纪 60 年初期西方经济学界环绕着美国经济学家罗斯托的“起飞”和“由起飞进入持续增长”的假设而进行的一场争论。罗斯托的观点是:在人类经济增长过程中,最主要的一个阶段是“起飞”阶段,“起飞”意味着一个国家从传统社会进入现代社会即工业化社会的关键时刻,越过了这一关键时刻,经济就可以持续增长了。用参加这场争论的西方经济学家们的比喻来说,这就像飞机起飞一样,在起飞时必须加大油门,使飞机升空,升入天空时,就可以顺利飞行了,经济的“起飞”也如此,为了“起飞”,必须费很大的劲,一旦“起飞”成功,就能顺利飞行。当时,在讨论会上,大多数经济学家不同意罗斯托的“起飞”学说。

现在看来,罗斯托关于“由起飞进入持续增长”的假设缺乏根据。一些发展中国家落入“中等收入陷阱”或一些高收入国家陷于“高收入陷阱”的事实表明了这样一点:经济发展的任何阶段,都会发生因社会矛盾深化和制度障碍的存在而引起的经济停滞状态。那种认为一国经济增长只要越过某个门槛就会顺利增长下去的说法都是没有根据的。换句话说,在经济发展的任何收入阶段,都会有门槛,都会有“收入陷阱”。能不能闯过去,要看有没有适当的制度调整,有没有社会的安定,有没有技术创新和资本市场的密切结合。

今天,中国完全可以绕开或越过“中等收入陷阱”,难道以后不会遇到“高收入陷阱”吗?冰冻三尺非一日之寒。当我们绕开或越过“中等收入陷阱”之际,应当站得更高些,看得更远些,为以后绕开或越过“高收入陷阱”早做准备。

总之,“收入陷阱”已成为发展经济学中值得注意的新课题了。无论是“低收入陷阱”、“中等收入陷阱”还是“高收入陷阱”问题,其中都包含了丰富的内容,值得人们认真研究。

新时代，新发展：中国经济发展展望

中华人民共和国成立70年，尤其是改革开放40年来，中国经济持续快速健康发展，出现了经济的“增长奇迹”。2018年中国GDP超过90万亿元，比上年增长6.6%，实现了6.5%左右的预期目标，经济总量稳居世界第二位；居民消费价格温和上涨，CPI比上年上涨2.1%，低于3%左右的预期涨幅；城镇调查失业率保持在5%左右，实现年初提出的低于5.5%的目标；进出口贸易总额首次突破30万亿元，货物贸易规模保持世界第一。在居民收入、消费以及人民生活水平方面，2018年，居民人均可支配收入为28 228元，比上年实际增长6.5%，稍快于人均GDP增速；居民消费增长加快，人均消费支出实际增长6.2%，比上年加快0.8个百分点，且农村居民增速大于城镇居民；消费结构不断升级，全国居民恩格尔系数为28.4%，比上年下降0.9个百分点。总体而言，我国经济运行平稳，稳中有进。

经过改革开放四十年的发展，中国经济正处于大发展、大调整和大变革的新时代。这个时代，世界多极化、经济全球化深入发展，各国相互联系、相互依存，全球命运与共、休戚相关；这个时代，社会信息化、文化多样化持续推进，新一轮科技革命和产业革命正在孕育成长；这个时代，和平、发展、合作、共赢的思想已经成为普遍认可的世界潮流。在这样的时代背景下，我国经济2018年运行总体平稳、稳中有进，但也面临"稳中有变、变中有忧，外部环境复杂严峻，经济面临下行压力"的复杂局势。从内部看，为了解决长期积累的结构性矛盾，我国在加速推进供给侧结构性改革过程中，遇到了一些困难、矛盾和挑战，如产能过剩、产业结构不合理、区域结构不均衡、劳动力红利正逐步消失等问题。展望2019年，我国经济同样面临着下行的压力，但我国经济发展长期向好的趋势没有改变。面对种种的外部不确定性，我们要激活内生力量，深化国内改革，同时扩大对外开放。树立信心，在发展中迎接挑战，在变局中抓住机遇。

中国面对最大的变数来自于外部环境的变化。从外部看，"世界面临百年未有之大变局"，单边主义和贸易保护主义导致全球贸易摩擦加剧，欧洲和中东地区的地缘政治冲突给世界经济发展蒙上阴影，全球政策不确定性显著提高，经济风险显著提升，世界动荡调整变革不断加剧。严峻的国际环境主要表现在以下三个方面：

首先，全球主要发达经济体的经济增速将普遍回落。这一方面将制约中国经济的外需增长。另一方面，由于经济增速下降，各发达经济体将努力创造更多的国内就业机会，以保障国内居民生活水平。因此，他们将更加重视发展国内先进制造业、调整国内供应链布局。这将对全球现有产业链的稳定性引发冲击，进而对中国经济构成较大挑战。

其次,国际贸易体系处于单边主义与贸易保护主义盛行新旧主义交替期。2018 年中国在新形势下遇到一定的贸易、投资摩擦。现阶段,中国经济已经进入深水区,我们应该寻找机会妥善处理与周边国家之间的关系,求同存异,我们相信通过国家之间的友好对话协商能够很好地解决国际经济交往中的贸易、投资摩擦。

最后,全球政治、经济中关键事件的发生。国际上重要国家的政治经济事件随时可能出现的新情况,有可能成为新的政治和经济风险点,这对中国乃至世界经济来说,都将造成一定的不利影响。各国的货币政策的频繁调整也会给中国经济带来额外压力,甚至在一定程度上可能导致我国的资本外流。

面对上述严峻的、多边的外部环境以及内部环境的变化,我们必须要具备忧患意识。2018 年 12 月召开的中央经济工作会议指出,我国发展仍处于并将长期处于重要战略机遇期。近年来,我国先进技术出口增多,如高铁、通讯设施等;我们的区域经济影响力在“一带一路”倡议的影响下日渐增强;同时,我国的政治环境一直保持平稳,人民“勤劳,朴实,坚韧,向上”。这一系列现实表明,我国仍有着巨大的经济增长潜力。同时,2019 年又是中国改革开放再出发的元年,从一系列重要会议和新出台政策来看,我们能够感受到扑面而来的改革气息。在新的一年,我们没有理由悲观;在新的征程,我们充满信心。我们的信心来源于哪里?

首先,来源于以习近平同志为核心的党中央的英明领导。中国共产党是中国人民和中华民族的先锋队。作为无产阶级的政党,中国共产党始终把为人类做出新的更大的贡献作为自己的使命。市场经济运行的效果受不同国家的国情和文化等因素影响,但根本上还是取决于其制度的驾驭能力。中国改革开放四十年的实践表明:我国发挥社会主义制度优势成功驾驭和发展市场经济,取得了举世瞩目的成就,充分体现了社会主义市场经济体制的优越性。同时我们也应看到,这并不意味着社会主义制度与市场经济已经实现了完美结合。在新时代,面对纷繁复杂的国内和国际政治经济环境,我们更应坚持发挥好社会主义的制度优势、促进社会主义市场经济更好地发展。一方面,要处理好政府和市场的关系,促进市场在资源配置中起决定性作用,同时更好发挥政府的调控作用;另一方面,坚持党的领导,发挥党总揽全局、协调各方的领导核心作用。这不仅是我国社会主义市场经济体制的一个重要特征,也是保障社会主义制度具有强大动员能力和高效执行能力的重要基础。因此,全党全国各族人民紧密团结在以习近平同志为核心的党中央周围,是政府更好发挥作用的根本保证,也是社会主义市场经济良性发展的重要基础。

其次,来源于我国具有建成强大国内市场的坚实基础。我国目前拥有 14 亿人口,巨大的人口基数催生出巨大的消费潜力,国内市场还拥有很大的开拓空间。具体来讲,首先,我国城乡收入差距大、人均收入有待提高,政府可以通过推进个税、社保改革,增加居民收入、缩小分配差距,从而促进消费;同时,从消费支出占整个 GDP 比重来看,2017 年我国的消费率是 53.6%,这跟发达国家的 70%以上的水平相比,尚存在明显的差距,这个差距也就蕴含着巨大的潜力。其次,随着收入的增加,人们对产品质量的期望自然会上升。然而当前我国国内供给的产品质量难以满足中高端消费者的需求,甚至一定程度上抑制了消费,导致大量消费外流。因此,如果我国的企业在产品开发中能够增强创新能力、开发核心技术,监管部门能够将产品的标准水平提升,同时在监管时严把产品质量关,那么,随着我国产品质量的提升,国内消费能够增加,我国产品的国际竞争力也提升了。最后,随着我国人民物质生活水平的提高,人们的消费已经不仅仅局限于物质领域,消费升级的态势,尤其是向服务业转型的态势非常明显,第三产业的消费潜力巨大。综上所述,我国的消费有潜力、有空间,朝着好的、向上的势头发展。

第三,来源于供给侧结构性改革的深入推进。步入新时代,我国经济正由高速增长阶段转向高质量发展阶段,必须要坚持深化供给侧结构性改革,这是建设现代经济体系的关键环节,是实现我国经济真正强大起来的关键步骤。从短期看,供给侧结构性改革重在“三去一降一补”;从长期看,要适应国内外发展趋势,加快建设制造强国,发展先进制造业,推动互联网、大数据、人工智能和实体与实体经济深入融合;要支持传统产业优化升级,瞄准国际标准提高水平,促进我国产业迈向全球价值链中高端,培育若干世界级先进制造业集群。

2019 年是新中国成立 70 周年,站在这个历史时刻,我们要在把握机遇、迎接挑战,向着实现中国梦的宏伟目标迈进。我们必须要统筹好国际国内两个大局,全面深化改革开放,抓住机遇、努力发展,补齐短板,奋力实现“中国梦”的发展愿景:

第一,要继续深化农村土地改革,助力城镇化和乡村振兴。党的十九大报告提出,对于农村土地制度,要“巩固和完善农村基本经营制度,深化农村土地制度改革,完善承包地‘三权’分置制度”。对此,我们还需要从以下几个方面努力:首先,深化农村集体产权制度的改革,将农村土地改革与城镇化和乡村振兴结合起来。在新型城镇化推进过程中,有机结合农村土地改革、现代农业产业发展与乡村建设,为推动乡村产业兴旺、促进城乡融合发展、实现乡村振兴战略目标,发挥向心合力作用。对集体建设过程中土地的所有权、使用权、收益分配进行明确规定,能够平衡集体和农户间的关系,保障农民应得利益;其次,要深化承包地的“三权分置”改革,进一步明确三权产权的权益内涵、边界及期限。最后,可以探索建立农村土地股份合作社,完善相应补偿机制。土地股份合作社有利于促进农业的产业化、规模化、集约化生产,促进农民增收。

第二,建立健全金融市场,更好地服务实体经济。深化金融供给侧结构性改革,确保金融市场在实体经济发展中发挥良好的作用,将“放管服”改革作为深化金融改革的重要内容,实施层级管理,划分中央与地方的金融职权,构建多层次、广覆盖、有差异的金融体系;管住金融机构、金融监管部门主要负责人和高中级管理人员;优化实体经济发展环境,继续改善小微企业和“三农”金融服务,最大限度激发市场活力,增强金融服务实体经济能力。同时,应该积极稳妥防范化解金融风险,把防范化解金融风险和服务实体经济更好结合起来,推动我国金融业健康持续发展。

第三,要激发民营企业活力,消除民营企业发展的障碍。民营企业经过多年的发展,已经成长为国民经济的重要组成部分,同时也为我国产业升级和结构优化做出了巨大贡献。然而,目前民营企业发展还存在着诸多障碍,如市场准入障碍、无法平等获得要素资源、产权无法得到有效保护等。同时,其自身也存在管理制度落后、官商结盟谋取利益等不端行为。因此,为了促进我国民营企业发展,必须消除其发展障碍与自身问题。一方面,政府要有效落实促进非公有制经济发展的政策,为民营企业创造平等的市场准入条件,同时进行要素资源市场化改革,保证民营企业能够平等获得资源;同时推进管理体制改革,限制权力滥用,以打消部分民营企业搞歪门邪道的念头,打造亲清新型政商关系。另一方面,民营企业自身可以从外部引入职业经理人,建立起科学有效的管理机制。

第四,提高科技创新和技术能力,鼓励创新型企业上市。创新是引领发展的第一动力,是建设现代化经济体系的战略支撑。现阶段,我国经济已由高速增长阶段转向高质量发展阶段,对推动大众创业万众创新提出了新的更高要求。为此,一方面,政府要承担好创新创业环境的营造者的角色,通过简政放权释放企业创新活力,通过营造公平的市场环境、加大财税政策支持、优化服务等措施来激发企业创新活力;另一方面,要增强创新型企业引领带动作用,推动高校科研院所创新创业的深度融合,健全科技成果转化的体制机制。

第五,调整对外开放战略,积极融入国际化。改革开放以来,我国一直推行经济对外开放政策。出口导向工业化发展模式的成功,使得我国在全球经济合作中获得了巨大的经济利益,同时也给世界各国的经济带来了利益共赢。近年来,我国在国际合作方面成绩斐然,确立了“一带一路”这一重点经济开放倡议,推动与沿线国家的合作对话,建立了新型全球发展伙伴关系;同时,为适应国际经济新形势和新秩序,我国加快了双边、多边自由贸易区的谈判。但是,中国国内劳动力成本的上升、制造业过剩、产业挤出性转移,以及国际政治经济格局发生的一系列转折性变化,都使得我国不得不调整、改进对外开放战略。在新形势下的对外开放中,我们要注意以下几个问题:其一,转变对外经济发展模式。从传统的出口导向的工业化发展模式,转向产业升级与出口替代型的后工业化时代经济发展模式,同时实现从劳动力密集型制造业向资本技术密集型制造业和服务业升级。具体措施包括推进智能制造;鼓励硬技术研发、形成中国自主技术和品牌;鼓励民营企业在国外建立销售网络,收购国际知名品牌,形成自己主导的贸易渠道。其二,要为中国的和平发展创造良好的外部条件。多边层面上,中国应该坚定不移支持多边贸易体系,推进贸易自由化和便利化。区域合作层面,要针对区域一体化趋势,真正制定好区域合作战略。正如十九大报告提出的,以“一带一路”为重点,推动形成全面创新的新格局。下一步,我国要从战略高度谋划机制和规则建设,并扎实稳步推进。

最后,打造全球能源互联网,构筑人类能源命运共同体。2017年5月14日,中国国家主席习近平在“一带一路”国际合作高峰论坛上发表主旨演讲,指出“要抓住新一轮能源结构调整和能源技术变革趋势,建设全球能源互联网,实现绿色低碳发展”。构建全球能源互联网的倡议立足于打造人类命运共同体,立足于全球可持续发展,立足于应对人类面对的共同挑战,体现了中国的大国责任和引领作用。全球能源互联网的建立有着深刻的战略意义和战术价值。

作为全球能源治理的重大变革和创新,全球能源互联网描绘了未来世界能源发展的崭新蓝图,必将深刻改变全球能源发展、经济增长、社会生活的各个方面,开辟世界能源变革新局面,开启全球能源合作新时代,在人类能源发展史上具有深远意义。

我们相信,在党的指引下,在以习近平同志为核心的党中央坚强领导下,中国必将经受住各种严峻考验,创造无愧于历史、无愧于时代、无愧于人民的宏伟业绩,如期实现“两个一百年”奋斗目标,不断从胜利走向新的胜利!

参考文献

［1］ 陈谊娜："老龄化背景下中国养老保险研究"，天津大学，2012。

［2］ 程博，郑建辉："我国基本养老保险基金的困境分析与出路探讨"，《人力资源管理》，2011年第10期。

［3］ 程志强："规模连片经营一定要土地使用权的集中吗？——基于漯河市粮源公司'中间人'制度的案例分析"，《中国市场》2011年第1期。

［4］ 程志强："对我国土地信用合作社实践的思考：以宁夏平罗为例"，《管理世界》2008年第11期。

［5］ 程志强：《农业产业化发展与土地流转制度创新的研究》，商务印书馆2011年版。

［6］ 程志强："农地流转形式和农业产业化垂直协

调的契约安排研究”,《中国市场》2012年第12期。
[7] 杜安娜、何涛:“农民返乡要地,种粮大户转型”,《广州日报》2009年2月24日。
[8] 高尚全:“计划与市场相结合是现代社会化大生产的内在要求”,《学习与研究》1991年第2期。
[9] 高尚全:“进一步研究计划经济与市场调节有机结合的问题”,《中国物价》1991年第1期。
[10] 过庚吉:“简政放权是缓解当前价格不合理问题的重要途径”,《价格理论与实践》1984年第6期。
[11] 郭人菡、夏立安:“简政放权的法治维度分析——基于‘权力清单’、‘权利清单’和‘负面清单’的思考”,《中共杭州市委党校学报》2014年第6期。
[12] 国家行政学院法学部课题组:“成都市农村集体土地流转案例调研与评析”,《政府管理参考》2008年第4期。
[13] 国家外汇管理局:《汇价手册》,中国金融出版社1986年版。
[14] 黄文麟:“解决‘中梗阻’落实‘简政放权’”,《企业管理》1986年第1期。
[15] 贾杰华、陈文雅:“宅基地换房的执行隐患”,《投资者报》2009年3月16日。
[16] 姜春力:“我国人口老龄化现状分析与‘十三五’时期应对战略与措施”,《全球化》2016年第8期。
[17] 金戈:“中国基础设施资本存量估算”,《经济研究》2012年第4期。
[18] 李超:“新型城镇化背景下农村土地制度改革研究”,《新常态:传承与变革——2015中国城市规划年会论文集》,2015年9月。
[19] 李晨:“宅基地流转的重庆试验”,《北京青年报》2008年11月3日。
[20] 李克强:“在全国推进简政放权放管结合优化服务工作电视电话会议上的讲话”,2016年,国务院“简政放权进行时”专题网站。
[21] 李通屏:《人口经济学》,清华大学出版社2008年版。
[22] 李行、温铁军:“中国60年农村土地制度变迁”,科学对社会的影响2009年第3期。
[23] 厉以宁:《非均衡的中国经济》,中国大百科全书出版社2009年版。
[24] 厉以宁:《非均衡的中国经济》,经济日报出版社1991年版。
[25] 厉以宁:《中国经济双重转型之路》,中国人民大学出版社2013年版。
[26] 厉以宁:“新一轮农村改革最重要的就是土地确权”,《理论学习》2013

年第 9 期。
[27] 厉以宁:《中国经济双重转型之路》,中国人民大学出版社 2013 年版。
[28] 厉以宁:“缩小城乡收入差距促进社会安定和谐”,《北京大学学报》(哲学社会科学版)2013 第 1 期。
[29] 厉以宁:“继续以体制转型带动发展转型”,《新金融》2014 年第 1 期。
[30] 李媛媛、陈国申:“从‘放权’到‘收权’:‘简政放权’的怪圈——‘莱芜经验’的反思”,《社会主义研究》2005 年第 5 期。
[31] 刘维涛:“探索中国农村新一轮改革方向”,《人民日报》2008 年 9 月 3 日。
[32] 柳晓森、张烁:“城乡二元体制:中国下一轮改革重点”,《人民日报》2008 年 9 月 3 日。
[33] 刘阳生:“建立城乡统筹的就业支持体系,促进城乡之间劳动力的合理流动”,《中国发展》2008 年第 12 期。
[34] 刘裕国:“成都城乡一体化夯实发展基础”,《人民日报》2009 年 3 月 29 日。
[35] 陆杰华、郭冉:“从新国情到新国策:积极应对人口老龄化的战略思考”,《国家行政学院学报》2016 年第 5 期。
[36] 马洪、孙尚清:《现代中国经济大事典》,中国财政经济出版社 1993 年版。
[37] 毛锡龙:“试论如何继续简政放权”,《贵州社会科学》1985 年第 6 期。
[38] 孟庆平:“养老保险市场化改革:国际经验与中国政策选择”,山东大学,2008。
[39] 日本财务省,“日本所得税法”,https://www.mof.go.jp/english/tax_policy。
[40] 沈金华:“简政放权搞活‘老集体’企业”,《经济体制改革》1984 年第 5 期。
[41] 孙荣飞:“‘土地管理法’修订:推进农村集体土地财产权制度变革或破题”,《第一财经日报》2008 年 6 月 24 日。
[42] 孙津:“城乡统筹是一种综合性要素统筹的创新”,《中国发展》2008 年第 12 期。
[43] 陶涛、杨凡:“计划生育政策的人口效应”,《人口研究》2011 年第 1 期。
[44] 魏琼:“简政放权背景下的行政审批改革”,《政治与法律》2013 年第 9 期。
[45] 邬沧萍等:《社会老年学》,中国人民大学出版社 1999 年版。

[46] 夏书章:“简政放权的必要条件”,《社会科学战线》1985第3期。
[47] 许庆、章元:“土地调整、地权稳定性与农民长期投资激励”,《经济研究》2005年第10期。
[48] 叶剑平、丰雷、蒋妍、罗伊·普罗斯特曼、朱可亮:“2008年中国农村土地使用权调查研究:17省份调查结果及政策建议”,《管理世界》2010年第1期。
[49] 永安、晓佑、建平:“在简政放权中理顺公司与工厂的关系”,《经济管理》1984年第10期。
[50] 张思平:《中国改革报告:2015年》,深圳创新发展研究院2016年版。
[51] 章政:“信用体系建设全面深化改革的重要标志”,《中国改革报》2014年7月。
[52] 张定安:“全面推进地方政府简政放权和行政审批制度改革的对策建议”,《中国行政管理》2014年第8期。
[53] 赵秋运:“双重转型、土地流转与农民收入分配”,未名经英论坛工作论文2016年。
[54] 郑秉文:“中国养老金发展报告2015——‘第三支柱’商业养老保险顶层设计”,经济管理出版社2016年版。
[55] 郑伟、林山君、陈凯:“中国人口老龄化的特征趋势及对经济增长的潜在影响”,《数量经济技术经济研究》2014年第8期。
[56] 郑先炳:《利率导论》,中国金融出版社1991年版。
[57] 中华人民共和国中央人民政府:“关于开展个人税收递延型商业养老保险试点的通知”,财税〔2018〕22号。
[58] 中国社科院“农民工返乡机制研究”课题组:“徘徊在城乡之间的中国农民工”,《光明日报》2009年4月9日。
[59] 周春林:“宅基地流转的成都突破”,《北京青年报》2008年11月2日。
[60] 周其仁:《城乡中国》,中信出版社2013年版。
[61] Alain Jousten, "Public Pension Reform: A Primer", *IMF Working Paper*, 2007(2).
[62] Arel Borsch-Supan, Christina B. Wilke, "The German Public Pension System: How It Was, How It Will Be", *NBE Working Paper*, 2004(5).
[63] International Labour Office, "Social Security: Issues, Challenges and Prospects", *International Labour Conference 89th Session Report VI*, 2011.
[64] Investment Company Institute, "2017 Investment Company Fact Book—A

Review of Trends and Activities in The Investment Company Industry",2017.

[65] Jin,S, and K. Deininger, "Land rental markets in the process of rural structural transformation: Productivity and equity impacts from China", *Journal of Comparative Economics*,2009,37(4).

[66] World Bank,"Averting the Old Age Crisis",Oxford University,1994.

后记

中国道路系列丛书是在厉以宁教授的指导下，由商务印书馆重点出版并推荐的学术著作，旨在对中国发展模式进行深入、全面和系统的阐述。2012 年至今，本丛书已经出版《中国道路与新城镇化》《中国道路与跨越中等收入陷阱》《中国道路与混合所有制经济》《中国道路与蓝领中产阶级成长》《中国道路与简政放权》《中国道路与农民工创业》《中国道路与人口老龄化》《中国道路与民营企业发展》等 8 本，取得了巨大的社会影响，现正在翻译成多国文字，相信其会在国际上形成一定的影响力。本书主要收录了中国道路丛书的部分章节。

本书各章节的执笔者分别是：

厉以宁：走向城乡一体化（代序言）；总论；新型城镇化：走符合中国国情的城镇化道路；国有企业改革与混合所有制经济；蓝领中产阶级崛起与成长；"城归"：中国正在悄悄地进行一场人力资本革命；劳动力市场改革与人口老龄化；中国如何跨越中等收入陷阱。

高尚全：人口老龄化与社会保障体系的建立。

刘伟、郑拓：构建养老保障体系的"第三支柱"：商业养老保险的政策选择。

程志强：政府职能转变与简政放权：缘起、反思和未来趋势；中国人口老龄化的演变与对策：中华人民共和国成立 70 年的经验；新时代，新发展：中国经济发展展望。

赵秋运：双重转型与农村经济改革；返乡农民工选择何种土地流转方式才能更好地促进农民增收：基于聊城市数据案例分析。

在本书的编辑与出版过程中，得到宋伟、王艺博等同志的大力帮助，特致谢意。

最后，非常感谢社会各界人士对中国道路丛书的关心和支持，如果想了解更多文章请参阅中国道路丛书。

2019 年 7 月 28 日

图书在版编目(CIP)数据

中国道路与中国经济发展70年/厉以宁等著.—北京:商务印书馆,2019
(中国道路丛书)
ISBN 978-7-100-17898-3

Ⅰ.①中… Ⅱ.①厉… Ⅲ.①中国经济—经济发展—成就—1949—2019 Ⅳ.①F124

中国版本图书馆CIP数据核字(2019)第242879号

中国道路丛书
中国道路与中国经济发展70年
厉以宁 高尚全 刘 伟 程志强 赵秋运 著

商务印书馆出版
(北京王府井大街36号 邮政编码100710)
商务印书馆发行
北京新华印刷有限公司印刷
ISBN 978-7-100-17898-3

2019年12月第1版　　开本710×1000 1/16
2019年12月北京第1次印刷　　印张15¼
定价:68.00元